Wayra
Cartas a mi hija

Cartas a mi hija
Wayra

CHAMALÚ

encuentro

Wayra

Coordinación editorial:
Danu Hernández

Diseño y formación:
Julieta Bracho

Ilustración:
Sergio Jamaica

© 2019 Editorial Pax México, Librería Carlos Cesarman, S.A.
Av. Cuauhtémoc 1430
Col. Santa Cruz Atoyac
México DF 03310
Tel. 5605 7677
www.editorialpax.com

Primera edición
ISBN: 978-607-9472-64-1
Reservados todos los derechos
Impreso en México / *Printed in Mexico*

Dedicado a Wayra,
ese auténtico regalo
que un Amanecer
nos fue entregado.
Dedicado a todos los niños del mundo,
para que su llegada al mundo
coincida con la gestación
de ese Ser Humano Nuevo
que todos anhelamos.

Y QUE NO SE ROBE MÁS
A LOS NIÑOS LA POSIBILIDAD
DE CRECER EN LIBERTAD.

CHAMALÙ

Presentación

La bisabuela de mi padre indígena quechua, Quintina, había nacido un 17 de octubre de un lejano tiempo y yo retorné muchos años después la misma fecha para recordarme el cambio que soy en este mundo, mostrar que nuestros antepasados también están en mí y que ahora se traducen en lo que comparto, una filosofía de vida donde vivir es lo más importante. Tengo algo que contarle al mundo, que nuestra sabiduría no está enterrada, no es algo del pasado, es del presente constante por el cual camino a diario porque lo veo, lo siento y lo vivo.

Fui convocada para habitar un paraíso y consagrada dentro de él, finalmente nací 500 años después de la llegada de los españoles a América, recibida en una ceremonia donde mi vida se unió a mi querido guardián para jamás olvidar quien soy y quien puedo ser. Mi llegada a este mundo en la naturaleza fue una celebración y sosiego para mi ser. Mis padres me mostraron desde mi gestación a qué mundo venía y a qué venía. La auténtica y necesaria educación comienza desde el nivel intrauterino.

Tener desde niña la libertad de soñar, transportar flores reales e imaginarias me permitió llenar de magia mi mundo interno, aquellas casas circulares que observaba desde muy pequeña esculpieron en mi la idea: "es posible vivir de otra manera". Janajpacha es una parcela de paraíso, donde el *Pacha* (espacio-tiempo) es otro, donde aprender a volar es imprescindible y disfrutar es un requisito.

Nací mujer, estamos en un PACHACUTY (ciclo) femenino, esto requiere un mayor compromiso, una formación profunda y fortaleza para continuar. Donde lo más importante es tener clara la dirección. Esto determinó que desde mi temprana edad mi objetivo fuera transportar Janajpacha en mí a donde vaya. La idea es clara: "Janajpacha". La comunidad y yo, éramos lo mismo. Recordar que somos tierra que camina y traemos memoria de nuestro pueblo, de esa sabiduría ancestral que vibra en nosotros y nuestra labor es traducirla para los demás porque no es bueno marcharse sin compartir.

Somos una comunidad, en lo interno y en lo externo, nos preparamos para aprender de la vida y sus sorpresas; de la naturaleza, sus ciclos y cambios, que todo se transforma y aprender de los demás. Nos apoyamos en el sentir-intuir para tejerlo con el reflexionar y así, actuar. Soy parte de un proyecto de vida, donde permite a la mujer renacer en otro estilo de vida, con otras reglas de juego, donde todo está diseñado para dinamizar su crecimiento y así lograr una soberanía existencial que le permita rediseñar su vida.

Chamalú, mi padre, investigó más de cuatro décadas dentro de la sabiduría ancestral indígena para traducirlo en una filosofía de vida que ahora me permite y da la oportunidad de ser parte de este gran proyecto y legado de sabiduría. Estoy acá para continuar reforestando corazones, porque somos la historia de una sabiduría que aún busca ser escuchada desde el corazón, en un contexto de pureza e inocencia.

Te compartimos en este libro *WAYRA* mi historia de gestación y experiencia de educación con la libertad necesaria para gestar sueños, competencias existenciales, y reflexiones hacia una joven de 20 años. *EL RETORNO DE LA MUJER SAGRADA*, son las directrices para conectarte contigo misma, reconstruir tu sensibilidad. Se trata de encontrarse con la rebeldía lúcida, transformar tu crecimiento en una fiesta de aprendizaje, apasionarte por la vida. Reencontrar lo sagrado en tu vida es posible desde que tú lo decides y convertirte en MUSA, mujer salvaje, sanadora y sacerdotiza. Finalmente, *EL DESPERTAR DE LA GUERRERA* es el pasaporte que te permite viajar a tu mundo interior y aflorar tu feminidad, manejar tu poder desde la magia de ser mujer, ejercer tu energía femenina con todo el poder que ello implica y renacer como una guerrera de la paz. Es un recordatorio de lo más importante en la vida de toda mujer que sueña con un mundo nuevo para convertirse en artista existencial. ❀

Prólogo

La primera parte de este libro fue escrita en un avión, en un turbulento vuelo en la ruta de Europa a Norte América, en marzo de 1992; fueron cartas que escribí a Wayra, aún en gestación, su madre no había podido tomar el vuelo y era la primera vez que tantos kilómetros nos separaban. En ese contexto, quise dejar un legado de sabiduría, para que Wayra recibiera su herencia de conocimiento, traducido en una cosmovisión y una manera de vivir, donde su vida, su libertad, su capacidad de amar y de ser ella misma estén garantizados, al igual que germinada su sensibilidad y solidaridad. Meses después la recibimos en ceremonia, en nuestra Comunidad Janajpacha, en Cochabamba-Bolivia, un amanecer del 17 de octubre 1992; poco antes habíamos participado de la contra celebración de los festejos en España, del denominado *Encuentro de dos mundos*, paradójico encuentro donde a los indígenas nos tocó poner a los muertos.

Años después, cuando Wayra cumplió 20 años, escribí la segunda parte, complementando ese legado de enseñanzas para aprender a vivir desde la sabiduría de los Abuelos. La historia comenzó con la recuperación del linaje matriarcal de conocimiento: la humildad de la bisabuela de mi madre, la presencia sanadora de mi bisabuela quechua, que en mi infancia me devolvió la salud y la vida cuando la ciencia médica pronosticó mi muerte inevitable. El linaje continúo con mi abuela aymara, quien me inició en el aprendizaje del amor incondicional y la importancia del disfrutar de la vida y sus detalles, de aprender de todo lo que pasa y comprender a las personas más allá de sus errores. De mi madre aprendí el amor a la naturaleza, crecí viéndola hablar con las plantas y considerando parte de nuestra familia a la Madre Tierra; mis hermanas se perdieron en el laberinto de esta civilización, de manera que me tocó ocupar el sitio, preservar la tradición de conocimiento, recibir la herencia y entregar a su vez este legado de sabiduría a Wayra, mi hija y sucesora, quien germina en su interior las claves y secretos para convertir a la mujer en Amazona, en la Musa que combina la Mujer Sanadora, Sabía, Sacerdotiza y simultáneamente Salvaje, libre por naturaleza, con todo su poder en sus manos, traducido en magia y alquimia, en conocimiento y sensibilidad, en poder interior y belleza vibratoria.

La historia de ese proceso es la historia de esta trilogía de libros. Debo admitir que el libro Wayra, resultó ser mi libro más pirateado, con decenas de versiones no autorizadas, circulando por muchos países los primeros años de su publicación. En esta oportunidad, tenemos la alegría de presentar la versión original y actualizada, formando parte de una colección iniciática de espiritualidad femenina, un sendero transformador reservado para mujeres que quieren llevar su vida a otro nivel existencial, donde la felicidad vuelva a ser condición natural de vida y el amor la vibración precisa, en un contexto de libertad que garantice la autenticidad y la paz como único equipaje recomendable en este viaje evolutivo llamado vida, donde además la mujer tiene el deber de preservar su salud y disfrutar de un itinerario existencial, convirtiendo cada uno de sus días en una obra de Arte.

Leer Wayra es comenzar un viaje transformador, reservado para valientes. Este libro es complementado con el RETORNO DE LA MUJER SAGRADA, donde la mujer es preparada para reactivar su poder y sensibilidad. Esta colección se completa con EL DESPERTAR DE LA GUERRERA donde la mujer aprende a redescubrir su magia natural y su poder aplicado a un estilo de vida creativamente convertido en un día a día que garantice su felicidad y crecimiento consciencial. ✳

CHAMALÚ

Introducción

Y las pupilas de las estrellas acariciaron con luz aquella noche, el perfil de la montaña guardián estremeció la penumbra, sentí que mi alma cantaba, sentí que cada día era un regalo más, esta vez el regalo se multiplicó, los pétalos de mi corazón latieron con fervor, un grito rasgó el amanecer, un nuevo ser vino a participar del sagrado juego de la vida. La magia de la existencia posibilitó que una nube, una flor o una estrella, se vistiera de humano y convertida en mujer bajara hasta la tierra: *Wayra* había nacido, era un amanecer de aquella fecha, la misma en que años atrás la *abuela* se había marchado, otro círculo que se cierra, dando paso a las preciosas causalidades que conforman la trama de la vida, donde la magia se abraza con lo cotidiano y el infinito se viste de instante.

Hemos querido compartir este conjunto de mensajes con todos aquellos seres capaces de situarse más allá de las palabras. Vivimos tiempos especiales, las parejas deben purificarse para recibir a los numerosos seres de luz, es urgente comprender las señales de los tiempos y poder orientar a las nuevas generaciones; si fuera posible reflexionar estas enseñanzas en reuniones familiares, en encuentros grupales, estaríamos cumpliendo el propósito que animó su publicación.

El *Nuevo Pachacuti* que ha comenzado supone una nueva calidad vibratoria que a su vez se traduce en el despertar de la espiritualidad natural, expresada en los anciano, en los Amautas, en los guardianes de la Sagrada tradición, que vestidos de humildad descienden hasta el mundo del hombre moderno, transportando el fuego ceremonial purificador imprescindible en momentos de tanta irreverencia.

Nunca antes hubo tanta oportunidad de acceder a los milenarios y hasta hace poco prohibidos conocimientos Sagrados de Los Andes; nunca antes las puertas ancestrales se abrían con tanta intensidad. ¿Comprenderá el hombre moderno estas enseñanzas? ¿Modificará su habitual percepción y transmutando sus rasgos inferiores alimentará la tendencia superior? ¿Será capaz de renunciar a sus necesidades innecesarias que lo mantienen esclavo de lo que no necesita? ¿Evacuará sus miedos y reconquistará su libertad? ¿Volverá a contemplar los amaneceres hasta el éxtasis, le seducirá otra vez la plenitud? ¿Se embriagará de amor y sus días estarán llenos de fervor? ¿Transitará de nuevo los senderos de la trascendencia? ¿Sus actos se tornarán reverentes y humilde su actitud?

¿Desaprenderá lo inservible y aprenderá el lenguaje de los árboles, de las piedras y las estrellas? ¿Tendrá lugar en su vida para lo Sagrado y tiempo para el silencio? ¿Liberará su potencial interior y se convertirá en hombre o mujer poderosa, Guerrera-Caminante indetenible en su crecer?

Wayra podría ser tu hijo o tu madre, estos son mensajes para tu corazón, para que tu memoria recuerde que sólo tenemos que vencer nuestros propios límites para que la Sagrada hoguera de tu corazón, en la tempestad de la frivolidad, no se apague y permanezcas enamorado de la vida.

Wayra es algo más que un libro, es la voz de la *Pachamama* convocándote a la senda del Sol. Decía el anciano que la vida tiene una parte oscura y otra de luz, que con nuestros pensamientos y actos elegimos en qué lado vivir, que si optamos por la oscuridad no podemos quejarnos de la ausencia de luz.

Los libros abundan, hemos visto los escaparates de las librerías llenas de libros y una inevitable pregunta surcaba por mi mente: ¿llenos de qué estarán los corazones de los lectores? Hay un momento en que los buenos libros son un valioso impulso, empero es indispensable aclimatar la enseñanza a la vida diaria, es necesario y con frecuencia cerrar los libros y danzar desde un corazón abierto y que el amor fluya convirtiendo a la vida en la más maravillosa aventura.

He contemplado el mundo con ojos indígenas, he guardado silencio mientras visitaba cárceles y manicomios, escuelas y conventos; he viajado por el mundo entero y en diversos lugares me he encontrado con la injusticia de cuerpo entero, a veces, inevitablemente he preguntado ¿qué te ocurre hermano blanco, por qué llenas tus días de oscuridad? Y al no obtener respuesta me he refugiado en el silencio o en la música andina hasta convertirme en danza y verme negro, amarillo, blanco y rojo, viajero hecho nube, tiempo convertido en camino circular donde el pasado y el futuro se funden y se visten fugazmente de presente.

Quienes encuentren en *Wayra* simplemente un libro más, habrán perdido la oportunidad de encontrar una valiosa señal. Y las pistas se multiplicarán cuando en vez de leer lo saborees, cuando te sumerjas en él y, desde tu corazón, conectes con ese sentimiento Amáutico y descubras junto con *Wayra*, que todo es uno y todo está vivo.

Deslízate a través del intelecto y convierte a tu corazón en el destinatario de cada carta, es posible que éste sea nuestro último testimonio antes de retornar a nuestro ancestral silencio, libres de palabras y equipaje, en este peregrinaje de retorno al *Apu Inti*.

COMUNIDAD JANAJPACHA, *octubre 1992*
KHOCHAPAMPA-KOLLASUYU-SUDAMERRIKUA

Primera parte

La idea de escribir estas cartas surgió cuando por primera vez me vi separado de tu mamá, le prometí escribirle. Sin embargo, ahora ya no está sola, estás tú mi querido hijo y también a ti quiero escribirte. Hace unos instantes me despedí de Wara, tu mamá y varios queridos amigos. Subí al avión y tú viniste conmigo.

El avión es una máquina para volar, hay otros viajes para los que no se requiere un avión, ni siquiera el cuerpo, pero de esto hablaremos después, ahora quiero contarte cómo es el mundo al que estás viniendo.

La vida es un regalo, al interior de otro regalo: la Naturaleza. Hay montañas majestuosas y mares con multicolores peces, flores perfumadas y mariposas jugando con ellas; hay pájaros cantando y árboles creciendo, nubes paseando y estrellas adornando la noche. Sí, ya sé, todo esto te resulta nuevo, desconocido, y, sin embargo, estás viniendo a descubrirlo, a disfrutarlo, a saborear cada paso de tu itinerario de crecimiento.

Entonces sólo puedo decirte: ¡Bienvenido a la vida!

Quiero contarte que Wara, tu mamá, es una personita muy especial, una mujer extraordinaria, pequeña en estatura pero grande por dentro. Desde que nos conocimos vamos juntos a todas partes, esta es la primera vez que nos separamos, aunque en verdad quedó muy bien acompañada, ¿verdad?

Ella habla a través de la música y cuando danza se transforma. ¿Sabes que cuando danzamos, ningún pensamiento viene y el silencio nos permite oír el idioma de los árboles y las montañas?

Tu mamá está muy feliz de recibirte, no sabes cuánta ilusión le hace tu llegada.

¿Y si te apuras un poco más?

¿Y si esta espera no fuera tan prolongada? ... ¿Ves?, aún me vence a veces la impaciencia y, sin embargo, ¿cómo olvidar que todo es un proceso?, ¿cómo ignorar que todo tiene su tiempo?

Si tuviéramos la capacidad de comprender el tiempo en cada cosa, cuántas cosas serían diferentes en el mundo.

Llegará un momento en que tú serás grande y te marcharás de casa, entonces ni yo ni tu mamá te lo impediremos, tienes derecho a descubrir el mundo, tienes derecho a equivocarte, intentaremos que antes de partir comprendas que el error no es malo en sí mismo, sino parte del aprendizaje, que quien aprende de sus caídas no se ha equivocado.

Quiero contarte sobre el hogar donde vivirás: una preciosa Comunidad, tal como vivían nuestros abuelos: los Incas.

Allá sólo tenemos un deber: compartir; sólo tenemos un derecho: compartir.

Nacerás en una casita circular, con techo de paja y construida con inmenso amor. No te imaginas cuanto esfuerzo ha costado reconstruir nuestra Comunidad y, sin embargo, valió la pena; hoy podemos recibirte en un hogar a todos los niveles, maravilloso.

Quizá deba hablarte más cosas de nuestros antepasados.

Los Incas fueron una Comunidad de Comunidades admirable, profundamente respetuosos de la *Pachamama*, descubrieron que en la vida lo más importante es la vida, que no debemos complicarnos, cuando en verdad sólo hemos venido a crecer y crecer es disfrutar. La vida –te decía antes– es una fiesta, nuestros antepasados ya lo sabían.

¿Sabes mi wawita querida?, quiero compartir contigo mi felicidad, especialmente en momentos de adversidad. Si la gente recordara que vivir es lo más maravilloso que nos podría ocurrir... ¿Cómo no celebrarlo con acciones plenas y pensamientos puros? ¿Cómo no vivir agradecidos teniendo presente que el mejor agradecimiento es y será siempre: estar bien?

Quiero compartir contigo mi felicidad, desde este momento.

Quiero confesarte algo, tienes que saberlo: la vida y la Naturaleza, que en realidad son lo mismo, es belleza pura, donde sea que miremos podemos sentir la Fragancia del Amor, empero, hay algunos hombres empeñados en no ver la belleza, hay algunos hombres que en su ceguera la están destruyendo y produciendo heridas a nuestra Madre Tierra. Estamos intentando ayudarles a reconciliarse con ella.

También quisiera presentarme, es bueno que sepas quién es tu padre. Soy joven en edad pero viejo en conocimiento, recibí la herencia Sagrada y tengo el encargo de compartirlo con los hombres de otros pueblos. Ese es el motivo de mis frecuentes viajes; hay tanta gente maravillosa que sólo está esperando que le recordemos su esencia amorosa.

A veces me siento árbol, otras cóndor o montaña, amo lo que hago, trato de ser coherente y especialmente de no perder la humildad. Soy feliz y quisiera compartir con todo el mundo este inagotable bienestar.

¿Sabes que cuando nazcas será una fiesta? Es que la vida es una fiesta, una sagrada danza cósmica. Ese día realizaremos la ceremonia de entregarte a la tierra y enterraremos a los pies del árbol Sagrado una flor y una piedra al amanecer y le pediremos al Tata Inti naciente que ilumine tu sendero, que te enseñe a caminar con discernimiento y lucidez; que te enseñe a convertirte en luz cuando llegue la oscuridad. Bienvenido a la fiesta de la vida.

Y caminaremos descalzos sobre la tierra y correremos con el viento y danzaremos bajo la lluvia, subiremos por el Arcoíris hasta el *Janajpacha*. Cuántas ganas tengo de mostrarte el Árbol Guía y subir contigo a la Sagrada Montaña.

He viajado al mundo del hombre moderno, he transitado por sus calles vacías de amor. ¿Sabes mi wawita querida, que a veces no he podido evitar que mis lágrimas humedezcan mi rostro? La gente allá no canta ni danza, no abraza ni regala; se hacen daño unos a otros, tal como se dañan a sí mismos y a la *Pachamama*. Desde pequeños envían a sus niños a unos lugares donde se vuelven máquinas.

Nosotros te queremos libre como el viento, nosotros te queremos salvaje, pero humano.

¿Sabes que nosotros como hijos de la *Pachamama* tenemos un compromiso con ella?, el compromiso de amarla y respetarla, de cuidarla y disfrutar agradecidos de su belleza. Es con ese ideal que estamos luchando; quisiera poder dejarte un mundo sin fronteras ni enemistades, sin verdugos ni degollados, un mundo donde cada uno se sienta árbol del mismo bosque, compartiendo con alegría la danza sagrada de la vida.

Se me ocurre llamarte a partir de este momento *Wayra*: viento, transparencia. Para que mi wawita sea libre como el viento, para que la pureza sea tu refugio. ¡Qué maravillosa posibilidad! convertirse en viento, en espacio abierto al que nadie puede dañar. Si todos se convirtieran en espacios abiertos, la invulnerabilidad caracterizaría a cada persona y el mundo se llenaría de luz.

Me preguntan a veces si te prefiero varón o mujer, ¿cómo puedo elegir si es lo mismo? Los hombres tenemos una gran tarea que cumplir en esta Vida, igual que las mujeres. Todos hemos venido a realizar algo muy importante en el mundo, algo que nada tiene que ver con profesiones ni posesiones. Quisiera junto con tu mamá, ayudarte a encontrar tu misión, tu visión profunda para que tu vida no sea en vano.

Quizá nada más podemos hacer por ti, porque el resto lo tendrás que hacer tú. No, Wayra, no te dejaremos solo, te dejaremos contigo mismo, entonces, recién podrás estar con nosotros, recién podrás valorarnos en justa medida. Somos tus papás, mas no eres de nuestra propiedad; sólo podemos abrirte la puerta, tras ella tu camino estará esperando tus pasos.

Hoy estoy sólo contigo, es como si todo el Universo se resumiera en ti, te siento árbol, estrella, nube, piedra, ave, flor; como si fueras todo eso y algo más.

Gracias por estar ahí, tan cerca de mi corazón.

He sembrado una semilla pensando en ti, te he visto germinando, creciendo, he sentido tu presencia en forma de árbol que sonríe, de flor que besa un picaflor, de estrella recordándonos que más allá de la oscuridad otra vez está la luz.

Wayra, ¿sabes que antes éramos estrellas?, ¿que un día descendimos a la Tierra, nuestra Escuela, para experimentar el círculo sagrado de la vida, que un día volveremos a vestirnos de luz?

Cuando se murió la Abuela apareció en el cielo una nueva estrella. Es que la Abuela era increíble, había llegado al punto en que uno no necesita nada. Ahí está la Abuela, visitándonos cada noche con su luminosa presencia.

Antes de viajar le pedí a tu mamá que por ningún motivo se enfade. Al ser eventualmente tu hogar, es muy importante que cada instante esté lleno de felicidad, de ternura, de amor, pues todo lo que pensamos y sentimos circula por el cuerpo. Le pedí que llene sus días de alegría, más alegría que nunca, es un momento tan especial, es tan importante recibirte en un hogar armónico y posibilitar un viaje agradable.

Wayrita, tu sitio ya está reservado, ya te siento diciéndome: ¡Papá!

Quiero recordarte que hoy tuvimos una prolongada conversación, me preguntaste tantas cosas; tu mamá se reía, ella sabe que nunca me costó responder ninguna pregunta y, sin embargo, contigo es como si te enviaran para recordarme que, en el fondo, todos somos niños, que cuando olvidamos ello comenzamos a hacer tonterías.

¡Si sólo se trataba de jugar, pero la gente moderna se complicaba tanto! Ahí están los delfines para recordarnos que estamos aquí para participar plenamente en el Sagrado juego de la Vida. ¿Jugamos?

Anoche vi las estrellas y en una de ellas vi tu rostro.

Cuando el origen y el destino se juntan, la rueda de la vida ha concluido para dar paso a la eternidad.

Les abracé ti y a tu mamá intensamente; a pesar de llevaros en el corazón, el sabor de la despedía se sentía. Subí al avión y mis lágrimas se abrieron paso inevitablemente. Mis lágrimas son mi manera de amarte.

¿Sabes, Wayra?, este año es muy especial, es el año 1992 y se celebra en España 500 años del "descubrimiento de América"; para nosotros aquello fue un genocidio. No, no es una queja, ni hay resentimiento. Aprendimos a perdonar y descendiendo desde nuestra montaña fuimos para decirle al Hombre Occidental: Hermano.

Este es un año especial por otras razones; hay puertas que se dinamizan, voluntades que se multiplican. Un ciclo especial, el nuevo *Pachacuti* se está abriendo. Son tiempos para estar más atentos, más disponibles.

Gracias por venir precisamente ahora, eres nuestro mejor regalo.

Y un día también tú tendrás niños..., ¿qué harás con ellos? ¿Los enviarás a la escuela? ¿Permitirás que el consumismo los devore?

¿Les impondrás lo que a ti te gusta? ¿Les dirás una cosa con la palabra y otra con el comportamiento?

¿Les enseñarás a tener miedo y ver como algo malo el error? ¿Les dejarás en manos de especialistas?

Y si fuera así, mejor sería que ningún niño más viniera a la Tierra.

El Sol está a punto de ponerse, las estrellas pronto saldrán a decorar la noche; una extasiante sinfonía a cargo de las aves anunciará el nuevo día que vestido de amanecer llegará cada día.

¿Te imaginas, mi niño, cuánta belleza nos rodea y sin embargo faltan ojos para verla? Menos mal que nunca es demasiado tarde y tras la más oscura noche, el Tata Inti regresa otra vez.

Quiero decirte que no siempre nos comprende la gente, a veces nos rechaza antes de conocernos, a veces nos critica antes de escucharnos y después de todo, de haber pasado por todo, de haberlo soportado todo, me digo: ¿qué sería de nosotros sin problemas? Debo confesarte que las adversidades nos han hecho fuertes, desde tiempos de nuestros antepasados.

Wayrita, ¿Cómo se vive ahí? ¿Qué haces los domingos? ¿Cómo te trata la mamá? Ya sé que estás en camino y quiero decirte que vengas con optimismo, pero no te hagas demasiadas ilusiones; aquí hay de todo, sordos, ciegos, paralíticos, humanoides, máquinas, mercaderes, suicidas y junto a las estrellas está la oscuridad. Y donde nos haya tocado, ahí está nuestro trabajo. Recuerda que ninguna justificación será válida sino aprendes a tiempo el Sagrado Arte de vivir.

Mis mejores sueños son para Ti.

Wayra, mi pequeña, cuan cerca te siento a pesar de la distancia. Quizá la distancia es sólo un pretexto para estar más cerca que nunca.

La Abuela decía: "Y cuando nos llenemos de Amor, totalmente, las soluciones ya no serán necesarias pues los problemas se habrán desvanecido".

Soy el árbol, y tú la semilla germinando para ser otro árbol. Yo no quiero hacerte crecer a mi manera, sólo quiero ayudarte a sumergirte profundamente en la Tierra de la vida. Y luego crecer juntos como árboles del mismo jardín.

¿Me sientes?... seguro, ¿sientes el puente que estamos construyendo de los Andes a Occidente? Era necesario bajar de nuestra montaña y compartir con el Hombre Moderno nuestro Ancestral conocimiento..., es que todos son indígenas en el fondo, todos somos inocentes y amorosos más allá de las máscaras y los diplomas.

¡Qué bueno que vienes! Si quieres podrás ayudarnos a reforestar corazones.

Y de juguetes te regalaré el Sol y las estrellas, el trinar de las aves y la frescura del río, todas las flores son para ti y se multiplicarán cuando las compartas; y podrás jugar con las nubes y los atardeceres, podrás convertirte en luciérnaga o mariposa, podrás sentirte tierra jugando a humano, podrás crecer como los árboles: buscando la luz. Este es el Sagrado juego de la vida que vienes a jugar ahora.

Y un día poco afortunado, el Hombre inventó la religión; desde entonces la espiritualidad se burocratizó y sólo es posible llegar a Dios a través de los intermediarios. El problema Wayra, es que los intermediarios nada tienen que ver con Dios. Volvamos a la montaña.

Mi niño, sólo podemos darte Amor, lo demás no es necesario. Wayra, ven con mucho humor, que la vida es una broma cósmica. Si la vida es un juego, el humor es su requisito.

... Ya te siento sonriendo.

... Y luego volaremos convertidos en cóndores.

Es verdad que el mundo moderno está lleno de máquinas, de prisa, de enfermedades, de egoísmo, de confusión, de soberbia, de infelicidad. No, mi Wayra, ese no es nuestro mundo, pero tampoco podemos olvidarlo; pues sin recordarles que vivir es diferente, los hombres del mundo se olvidarían de vivir definitivamente.

Puedes venir tranquilo mi niño; respetaré tu libertad.

Que..., ¿quieres hacerme un regalo? Eres tú, mi niño, el mejor regalo. Compartir contigo, verte crecer, contemplar cómo haces amistad con la mariposa y constituyes un coro con los pájaros, verte abrazar a los árboles y danzar en torno del hermano fuego es suficiente. Gracias por bajar a la Tierra.

Te llevaré desde la montaña a conocer la selva, a vivir en ella y curar sus heridas. La selva, Wayrita, nos está llamando, ¿vamos?

No, no estoy lejos, yo vivo en el corazón de tu mamá. ¿Vienes?

Sólo te prometo una cosa: ser feliz independientemente de lo que ocurra. Porque eso me dará la serenidad para que mi paso no tiemble ni mi mirada se oscurezca. Somos felices ¿verdad?

Tienes suerte Wayra, nacerás en una comunidad… Y sin embargo, nadie hará lo que tú tengas que hacer, nadie vencerá pruebas por ti, nadie avanzará por ti. Quizá todo sea una oportunidad.

Pídele mi niño a mamá, que con frecuencia te lleve al bosque, que sus pies toquen descalzos la Tierra; y que le pida al Sol cada amanecer, que encienda tu Sol Interior.

Wayrita, quería comentarte que los animalitos son nuestros hermanos, igual que los árboles; los ríos son los tíos, abuelas las montañas y Madre la Tierra. Nuestra Tierra es grande y hermosa y todos te estamos esperando.

En alguna parte del mundo en este momento, un niño está de hambre muriendo y así, cada instante, todos los días. Y pensar que aún hay gente que se niega a compartir lo que tiene. ¿Te imaginas, Wayra? Unos tienen más de lo necesario y otros ni siquiera lo imprescindible. Date prisa mi niño que este mundo necesita seres dispuestos a compartir.

Wayra, sabes que no puedes pedirme nada, ya te lo di todo.

Y en este mundo moderno con frecuencia hay violencia, guerras. La guerra estará presente, mientras en vez de tener un jardín en el corazón tengamos una trinchera, mientras haya soberbia e intolerancia. ¿Y si escucháramos los adultos el sentir de los niños? ¿Si aprendiéramos de vosotros en vez de pretender educaros?

Wayrita, sólo quisiera poder enseñarte el Sagrado arte de vivir, pues lo demás, no es importante.

He pedido a tu mamá que comente contigo el menú, antes de hacerte participar en él. Es tan importante lo que se come y la actitud observada en ese momento. Y cuando sientas que algo no te venga bien, manifiéstalo, que no tenemos derecho a perjudicarte.

Wayrita, quisiera que te parezcas a un delfín. Si pudiéramos reinstalar la alegría, el mundo sería diferente. Quisiera que te parezcas a una luciérnaga, a la que la inmensa oscuridad no le impide avanzar. Quisiera..., darte un abrazo.

Wayra, mi pequeño, quiero decirte algo que precisas saber: he visto en el mundo muchos niños esclavos de la televisión, un vampiro energético, casi cuadrado, capaz de atrapar a los niños y volverlos tontos. Te quiero libre descubriendo la vida sin ataduras, sin necesidades innecesarias. Cuando quiera verte lleno de cadenas, yo mismo te llevaré a la cárcel; sin embargo, antes de ese momento, la libertad que nunca te la usurparé, tendrás que preservarla como lo más valioso en la vida.

Y todavía hay gente que siembra una cosa y espera cosechar otra, ¿te imaginas mi niño cómo van las cosas por aquí? Por eso hemos abierto nuestras Comunidades a todos los corazones sinceros.

Quiero pedirte que cuando sea el momento, vengas al mundo con facilidad. Es tan importante la manera como ingresamos al mundo, qué profundas son las huellas que quedan luego de ese acontecimiento. Conduce tú mismo este proceso, vívelo intensamente, pero fundamentalmente posibilita un natural advenimiento.

Nosotros te recibiremos cantando, en el círculo Sagrado de la vida, de la vida hecha canción. ¿Cantaremos juntos ese momento? ❀

Segunda parte

Hola Wayra, ¡Bienvenida a la vida! Naciste hace pocos días y resultaste ser mujer, a tu madre y a mí nos encantó, éste es un ciclo femenino, el *Pachacuti* que se inició recientemente que es de polaridad femenina, el despertar de la mujer está proféticamente señalado, ¿jugarás un importante papel en esta mágica coyuntura planetaria?, ¿contribuirás con tu entrega y ejemplo a la expansión de la conciencia?, ¿usarás ese inmenso poder de que estás dotada para contribuir a la evolución espiritual de la Humanidad?

Encontrarás en nosotros el ejemplo y, fundamentalmente, respecto a ti, la libertad de hacer lo que sientas viniste a hacer.

Los últimos días previos a tu llegada fueron tranquilos y llenos de felicidad. En el precioso valle donde está ubicada nuestra Comunidad es primavera, la *Pachamama* se puso su más hermoso vestuario para recibirte, los jacarandás están completamente violetas, espirituales, preparados para la fiesta espiritual que comienza cada día.

Hablando cronológicamente, el Nuevo *Pachacuti* ha comenzado, son tiempos llenos de magia y poder, sólo tenemos que estar atentos y disponibles, el amor es el arma, la humildad la clave, la plenitud es la manera.

Naciste al Amanecer del quinto día. El parto, como tienen que ser todos los nacimientos, fue natural y placentero, lleno de música y amor; desde la distancia otras personas apoyaban con meditación este maravilloso proceso, el tambor sagrado convocaba la protección del mundo invisible, el incienso purificaba el lugar, la música era para recordarte que la vida es una fiesta, una danza sagrada donde sólo tenemos que crecer sin complicarnos. Somos tan felices, que casi no lo soportamos.

Quiero contarte algunas cosas que están ocurriendo ahora, para que no digas luego que te tuve desinformada. Cuando naciste, nuestra Comunidad estaba a punto de concluirse; las viviendas circulares parecen parte de un sueño, el *Intiwasi*, el primer templo solar del Nuevo *Pachacuti* luce imponente, sagrado; al fondo la montaña guardián magnetizando la zona, vivimos en un oasis espiritual donde la belleza se pasea en cuerpo entero, donde las flores hablan y las piedras cantan, donde cada uno de los que pasan por aquí se sumerge en una dinámica transformacional absolutamente maravillosa. Es un privilegio vivir aquí.

En la cronología oficial, este es el año 1992, un año especial, pues ahora se cumplen 500 años de la llegada de Colón a nuestro continente. Es irónico Wayrita, pero aún algunos consideran a los invasores como descubridores. Si descubrir es llegar a un lugar, como nosotros llegamos antes, nosotros los indígenas descubrimos América.

Empero, descubrir un lugar supone una tarea multidimensional, pues implica conectar con la esencia, hablar con el Gran Espíritu guardián del lugar, comprender el silencio, leer las señales de los Tiempos. No, no descubrieron nada, no se enteraron de nada, no tuvieron tiempo.

La llegada de españoles a nuestra *Amerikua* indígena tuvo connotación de asalto y masacre; vinieron embriagados por la codicia y ambición típica de seres degradados, asaltaron y mataron, engañaron y robaron; y ahora, quinientos años después, intentaron convertir aquel genocidio en una fiesta, pero su conciencia y las voces de nuestros antepasados no se lo permitieron.

Es verdad que no podemos seguir mirando atrás, empero, también es cierto que si no asumimos autocríticamente los errores, nos privamos de aprender y nos condenamos a repetirlos.

Es verdad, nosotros fuimos los que descubrimos, descubrimos la estupidez y la codicia, la irreverencia, la deshonestidad, la frivolidad y la degradación hasta niveles de total inhumanidad, de quienes llegaron hace quinientos años.

Al Abuelo del Abuelo, que vivió la noche oscura del *Pachacuti* anterior, le prohibieron cantar. Y el Abuelo se aguantaba; a veces sin darse cuenta, estaba cantando otra vez; duro era el castigo que bruscamente interrumpía el canto ¿me preguntarás por qué?

Wayrita, los cantos de poder nos conectan con inmensas cantidades de energía y nos tornan poderosos. A los indígenas nos desprecian, pero en el fondo nos Temen, nos Temen porque no vivimos sólo en una realidad. La realidad en que vive el hombre moderno no es real o en el mejor de los casos, es un ridículo fragmento de una realidad multidimensional.

Destruyeron lo externo, mas lo esencial quedó intacto. Los Guardianes de la tradición estamos saliendo del ancestral silencio, guiados por visiones y profecías; el futuro ha llegado, los grandes acontecimientos serán dramáticos para unos y maravillosos para otros; Wayrita, ¿qué sendero transitarás?

Nos prohibieron hablar con las montañas, ignorando que para hablar con ellas no precisamos usar la palabra… Y el árbol sagrado que participó en tantas ceremonias fue cortado. ¡Estúpidos! no se dieron cuenta de que continúa ahí, cortaron la materia y, sin embargo, con los ojos del corazón podemos verle ahí, donde siempre, transparente, vestido de luz.

Wayra, los Amautas están regresando, vestidos de humildad, para evitar ser confundidos con los traficantes de lo trascendental, que pululan a lo largo y a lo ancho de Occidente. Al hermano del Abuelo lo civilizaron, cambió su vestuario, su idioma y pasó a ser otro, se trasladó a la ciudad donde vivía entre modernas comodidades. Un día se lo encontró muerto, se había matado. ¿Comprendes Wayrita? Cambió la esencia por la apariencia y luego descubrió que estaba vacío, muerto en vida. ¿De qué sirve llenarnos de cosas por fuera, si lo fundamental que está adentro, yace abandonado?

No Wayra, tú no Tendrás en casa casi nada, pues todo el Universo es Tuyo y lo más hermoso no puede ser metido dentro de una caja.

¿Sabes que los extranjeros vinieron a civilizar a nuestros abuelos que luego tuvieron hijos confusos y nietos estúpidos? Y cuando parecía que la epidemia civilizatoria afectaría a todos, un maravilloso proceso descivilizatorio comenzó a gestarse junto al advenimiento del Nuevo *Pachacuti*. Y en medio de tanta inhumanidad Civilizada, nuestra labor, Wayrita, consiste en descivilizar al hombre moderno y volverlo otra vez: Humano. ¿Nos ayudarás en este intento?

Y en el antiguo *Pachacuti* nuestra música estaba prohibida. Era peligroso realizar nuestras danzas sagradas porque ellas nos conducían a sorprendentes niveles de lucidez y cuando nuestra visión se acrecentaba y transitábamos por los senderos del futuro, temblaban los opresores. ¿Acaso soportaban nuestra mirada transparente? ¿Acaso soportaban nuestro silencio?

Wayra, te recibimos con música y la danza forma parte de nuestros días. Actualmente ya nada está prohibido, ya no es necesario prohibir, quinientos años después, cada uno ya tiene el represor *dentro*.

Y se llevaron el oro y la plata, embriagados en su codicia; no se detuvieron a contemplar la montaña guardián ni abrazaron los árboles sagrados. Se llevaron tantas cosas…, empero, olvidaron llevar lo más importante: nuestra alegría de vivir, el canto con el que recibimos cada amanecer y la danza con la que agradecidos despedimos el día.

Se llevaron lo menos importante, lo esencial está aquí, en el umbral de nuestro corazón. Ya lo sabes Wayrita, la fiesta fugazmente interrumpida, hoy con creciente fuerza puede continuar.

¿Sabes que el Abuelo del Abuelo del Abuelo no podía ingresar a la plaza principal? Le estaba prohibido porque se negó a renunciar a su vestuario tradicional. Un día descubrió que en realidad no hacía falta ir hasta aquel lugar, que allá se vendía lo que él no necesitaba, que allá se hablaba de cosas que para nada servían. Entonces el Abuelo agradeció que no le permitieran ir a un lugar tan intrascendente.

Wayra, tendrás que prepararte desde ahora, estos son tiempos especiales; volvió a hablarme el Gran Árbol Protector, me dijo que días difíciles esperan a la Humanidad, que mucho se ha destruido ya, que el *Tata Inti* no podrá evitar que su cálido abrazo perjudique el cuerpo sembrando confusión celular. Wayrita, son tiempos especiales, tú lo sabías antes de nacer, ahora comienza a cumplir el propósito de tu retorno a la tierra.

Y decía la anciana: al Hombre moderno le robaron el *ajayu*, por eso deambula por la vida intrascendente convertido en máquina, en cadáver con anhelo consumista. Wayra, cuida que no te roben el *ajayu*, tú como todos eres inteligente, mas si te descuidas aparecerás reptando en vez de volar.

Y los civilizados intentaron enseñarnos que el tiempo es dinero; ¡cuánto nos costaba aprender tan extrañas enseñanzas! Con el tiempo descubrimos que el tiempo para ellos realmente es dinero y el dinero su dios. Para nosotros Wayrita, el Tiempo es un camino sagrado que nos permite visitar a nuestros antepasados o dialogar con nuestros nietos aún ausentes.

El anterior *Pachacuti* fue una época de injusticia y opresión; pisotearon lo sagrado y negaron nuestra tradición, prohibieron nuestra lengua y nos vistieron como ellos, incluso nos exigieron llevar sombrero para saludarles con llamativa reverencia.

Persiguieron a nuestros hermanos de selva y valle para vestirlos, les enseñaron a avergonzarse de su cuerpo; la naturalidad, la espontaneidad y la inocencia fueron reemplazadas por la hipocresía, malicia y represión.

Wayra, quiero decirte, desde ahora, que te daremos la libertad que no tuvieron nuestros antepasados, usarás ropa sólo por motivos climáticos, comerás cuando tengas hambre y beberás cuando Tu cuerpo lo pida; quiero que aprendas desde pequeña a usar tu libertad con inteligencia, que sólo en libertad es posible crecer.

... Y te diré en silencio, cuán importante es el silencio. ¿Lo sientes?

Otros niños como tú, desde que nacen o antes incluso, son entrenados para ser estúpidos e infelices. De esa nefasta programación tú no participarás. Naciste en un hogar que ha consagrado su vida al despertar espiritual de la Humanidad; nuestra vida cada día es una fiesta de crecimiento y convivencia multidimensional; somos felices, nuestra familia está compuesta por hombres, mujeres y niños de diversa procedencia étnica; compartimos un bello lugar con montañas, árboles y pájaros, la libertad es nuestro contexto.

Wayra, puedes estar segura, tu crecimiento está garantizado, sólo tú podrías detenerlo. Ya sabes que vivimos en una Comunidad Chamánica, donde el cielo se une a la Tierra y la belleza se apodera de todo. Una música agradable parece llegar desde otras dimensiones, las flores decoran y perfuman el ambiente, esto es un oasis espiritual abierto a todo. Compartirás este lugar con otros niños de todo el mundo, compartiremos todo, nuestra Madre es la misma.

Tu alimentación, Wayrita, es sobria y natural; al principio como es habitual sólo leche materna, ella es insustituible. Poco a poco irás ampliando tu repertorio a jugos de frutas, purés de verdura y cereales integrales, más adelante legumbres y tubérculos, yogurt, alguna vez huevo y queso, todo cultivado en los huertos de la Comunidad, es decir con Amor y sin químicos.

Te daremos lo necesario, sin excesos; el resto lo repartiremos a otros niños como tú. A veces ayunarás brevemente, otras veces comerás menos de lo necesario;

la preparación de la guerrera comienza desde la concepción. Nosotros te prepararemos rigurosamente, un día tú elegirás tu camino, esto es sólo un entrenamiento.

En las próximas semanas podrás nadar en la piscina. ¿No te sorprendes verdad? Si toda la vida intrauterina te pasaste nadando…, sólo que ahora tu nueva piscina será más grande. Y más adelante podrás correr entre flores y arroyos, jugar con las alpacas o perseguir pavorreales, subirte a los árboles y alguna vez, si quieres, equivocarte y caer; es duro pero así se aprende… No, no te pasará nada Wayrita, si los árboles son nuestros hermanos y los invisibles tus protectores.

Tu derecho a equivocarte no te lo quitaremos jamás, ¡además, todos somos niños! Y si todos estamos jugando, quienes tenemos más experiencia en realidad somos los que más no hemos caído. Y cuando te equivoques, Wayra, reconoce con humildad tu error y aprende de él, ese es el sendero del caminante que un día te vestirá de invulnerabilidad.

Y desde ahora quiero decirte, Wayra, que no te atormentaremos con los típicos "Nos" de los papás. Más que un padre considérame un amigo o si quieres un guía. Muchos padres han tomado mala fama porque sustentan una supuesta razón en el hecho de ser padres y mantener económicamente la casa. Eso es absurdo, tú eres en el fondo un espíritu buscando participar de la dinámica evolucionista; elegiste antes de venir mi compañía y bueno, intentaré que la convivencia sea placentera y fundamentalmente útil para tu crecimiento espiritual.

En términos externos y materiales, debes saber, Wayra, que no te faltará nada; empero, te daremos pocas cosas porque realmente muy poco es lo necesario.

Si quieres más adelante participar de la carrera consumista, podrás hacerlo, mas en ello no cuentes conmigo. Conozco mucha gente que en nefasto trueque cambia su vida por un poco de dinero con que comprar lo que no necesita.

Aprenderás a cuidarte sola, Wayrita, nosotros de vez en cuando caminaremos a tu lado, mas tu camino deberás transitarlo con tus pies. No es posible vivir con temores, no es necesario ir por la vida con miedos, aprender es maravilloso y la vida la mejor escuela. No olvides Wayra, valorar muy bien tu tiempo y energía, cada día es un precioso regalo que debes absorber con agradecimiento y plenitud.

Ten en cuenta que conocerás a gente deshonesta, cínica, soberbia y malintencionada, mas no es bueno ser prejuiciosa ni andar con temor. Sólo precisas estar atenta, tener paciencia, mucho humor y total honestidad.

Muéstrate cómo eres, sé siempre tú misma en las más diversas circunstancias. Lo que está bien hecho reconócelo y sé agradecida; lo que te parece incorrecto, señálalo con serenidad y firmeza; cuando más allá del error veas una buena intención, otorga otra oportunidad y perdona, perdona cuantas veces sea necesario, perdonar es purificador.

También encontrarás gente que habla mucho, gente que habla una cosa y hace otra, haciendo de la incoherencia su contexto habitual. Intenta ayudar cuando veas receptividad; en ausencia de ello aléjate pero no juzgues, no se nos envió a la Tierra a juzgar, sino a jugar.

Wayra, por mucho que sepas, la soberbia es injustificable. Al ser el síntoma típico del ignorante es una implícita declaración de estupidez. Nuestros antepasados se caracterizaron por la humildad, la humildad es la llave que te abrirá invisibles puertas en la espiral de la vida.

En la Comunidad donde vivimos se enseña desde la práctica misma el Sagrado Arte de Vivir, para que la vida sea la más maravillosa aventura de crecimiento. Miles de personas de todo el mundo vienen a buscar ese conocimiento que en nuestro trabajo comunitario luego lo descubren dentro.

Wayra, tú tendrás los mismos derechos y deberes que todos, todo lo que obtengas será por mérito tuyo, nosotros sólo te abriremos la puerta, los pasos deben ser Tuyos. Te enseñaremos a vivir sin complicarte y al concluir nuestra labor en la Tierra, no te dejaremos otra riqueza que la de un corazón con las más hermosas flores.

Tendrás con nosotros la oportunidad de ser tú misma; te ayudaremos a conocer tus límites para ampliarlos, a reconocer tus errores para enmendarlos, a apreciar tus virtudes y liberar todo el potencial interior que poseas.

Nuestro Amor hacia ti será el mismo en tus logros que en tus caídas; no te induciremos a que seas como nosotros, sólo te recordaremos la posibilidad de crecer y disfrutar la vida.

¿Sabes Wayrita que a nosotros nos aplauden y nos atacan con igual intensidad? Y nosotros disfrutamos Tanto... de ambos; nos causan gracia los aplausos porque en realidad no los necesitamos, nos causan gracia las difamaciones porque con ellas no nos identificamos y nada tiene que ver con nosotros.

Ser caminante supone ser imperturbable y conservar el paso sereno en las más diversas circunstancias. Cuánto agradecemos todo, todo lo que pasa, ¡qué sería de nosotros sin problemas!

La clave es el Amor, Wayra, recuérdalo siempre; el Amor te vuelve poderosa, es el camino a la luz. El Amor incluye el humor que actúa como vacuna contra la frustración. Ama, no temas amar, sin olvidar que el único amor válido cósmicamente hablando es aquel de características incondicionales.

Wayra, tu idioma materno es el quechua, aunque también te hablaremos español y posteriormente inglés. Es bueno poder comunicarse con gente de tierras lejanas y como no es posible aprender tantos idiomas, una lengua más o menos común es muy útil.

Espero que a través de nuestro idioma ancestral descubras la belleza y sabiduría de una cultura milenaria como la Andina. ¿Sabes?, quienes la conocen en profundidad, quedan agradecidos por tan preciosa oportunidad.

Naciste en lo que cronológicamente es el Nuevo *Pachacuti*, elegiste bien, este es un tiempo precioso, el despertar espiritual planetario es inocultable. ¿Ocuparás el sitio que la *Pachamama* ha reservado para ti? ¿Estarás plenamente instalada en cada instante? ¿Absorberás cada día y ninguna hora pasará en vano? Tú como todos tendrás muchas oportunidades, ¿las reconocerás? Wayrita, no sabes cuánto anhelo verte en una dinámica de crecimiento indetenible.

Ahora eres aún pequeña, pero no importa, tu espíritu es viejo y tu corazón no olvidará mis palabras. No olvides que en ti, con lo pequeña que eres, está toda la fuerza del Universo; por ello, puedes crecer tranquila, todo está vivo y la vida eres tú.

Esta es mi última carta para este tiempo, volveré a escribirte más adelante; mientras tanto, el silencio y su sagrada elocuencia, germinará mis mejores intenciones para ti. Cuando quieras, podrás encontrarme cómodamente instalado, más allá de las palabras. ✳

HASTA SIEMPRE.

Tercera parte

Han pasado varios años y los niños de tu edad se aprestan a ir a la escuela.

¿Quieres ir Wayra? Ya sabes que nunca te privé de la libertad de elegir. Yo, en tu caso, no iría, no es necesario, la vida es la mejor Escuela; podrías aprender a leer y escribir con nosotros, y seguiríamos jugando; la vida es un juego sagrado, no vinimos aquí a complicarnos. Mas si te apetece ir, puedes hacerlo, simplemente te pido que no aceptes competir con tus compañeros, no me interesan las notas que saques ni los diplomas que puedas obtener.

No, Wayra, no es que la Educación sea mala, sino que en la Sociedad Occidental se forma a los hombres y mujeres para reproducir el grotesco sistema que los oprime. En la escuela se vuelve egoístas a los niños, al enseñarles a competir entre ellos, a humillar al prójimo; se los convierte en seres agresivos, materialistas, consumistas en extremo, de manera que sólo son felices acumulando cosas y venciendo a los demás; en la Escuela, Wayra, se siembran las semillas de la soberbia y la estupidez. De todo ello quiero eximirte, nuestra Comunidad es una Escuela libre, puedes crecer en ella… si quieres.

En nuestras Escuelas las cosas fluyen de una manera diferente. En la niñez como en toda edad se tienen derechos y el adulto tiene que respetarlos. Por ejemplo, tienes derecho a moverte y de la clase podrás salir cuando quieras, o estar en cualquier postura, sólo te pido hacerlo en silencio para no interferir a los demás; si te apetece gritar, puedes hacerlo en el amplio espacio que tenemos. Es por ello, para garantizar la libertad de los niños, que nuestra aula es la Naturaleza.

No, Wayrita, nosotros no te llenaremos la cabeza de datos y conocimientos inservibles, nuestro programa consta únicamente de dos grandes materias: los juegos y los cuentos, al interior de ello fluirá tu formación espiritual, artística y cultural. Nosotros sólo buscamos que seas un ser humano armónico y feliz, lo demás ya vendrá por sí solo.

Wayra, no olvides que tus juguetes no son sólo tuyos, son de todos los niños que quieran jugar con ellos, mientras estén jugando. Al verles jugar a otros alégrate, nada más hermoso y placentero que compartir, fíjate cómo compartimos con todos el mismo aire, el mismo cálido abrazo del *Tata Inti*, la lluvia y el arcoíris o el precioso decorado de luces que cada noche se enciende. Comparte y enseña a compartir a otros niños, para que ellos enseñen a sus padres.

Wayra, y donde sea que estés, sé amable, amorosa, reverente. El Amor es el arma más poderosa y la humildad la mejor tarjeta de presentación. Haz lo que amas y cuando ello no sea posible, ama lo que hagas. El Amor incondicional te abrirá las más hermosas puertas de esta vida.

¿Sabes, Wayra?, la realidad que vemos cada día es sólo un fragmento de la auténtica realidad que tiene características multidimensionales. La expresión fundamental de la múltiple realidad en la que estamos instalados es la instancia espiritual.

En el fondo, más que mi hija, eres un ser espiritual buscando la correspondiente evolución. Me encanta que nos hayas elegido, mas debes saber que el hogar que te ofrecemos es sólo una pista de aterrizaje, que lo único que podemos hacer por ti es ser felices para que descubras que la vida es una fiesta de crecimiento y felicidad.

La manera de comprender los grandes secretos del Universo es la meditación. Meditar es instalarse en ese silencio total que nos permita acceder eventualmente a ráfagas de inspiración y visión, como si te desintegraras y ni el tiempo, ni el espacio te aprisionaran más y, accediendo a ese caudal de conocimiento, que cual río atemporal fluye permanentemente en la otra realidad.

Wayra, por lo menos un momento al día, es necesario salir de este mundo y viajar al espacio interior donde se abrazan pasado, presente y futuro.

Wayrita, todo lo que vayas aprendiendo con nosotros, por favor compártelo con otros niños como tú, todo lo que uno recibe debe darlo, compartir es la ley de la vida y el deber ineludible de Todos.

Al enseñar afirmas mejor lo que sabes y aprendes más de lo que imaginas. Al enseñar nunca te subas a un pedestal, pues cuando uno se siente superior a otro, se contamina la enseñanza y anula su valor espiritual. Cuanto más sepas, más cerca debes estar de los demás y tu amor se vestirá de mayor incondicionalidad.

Respeta a los niños y niñas diferentes a ti, hay muchas formas de hacer lo mismo, hay muchas formas de crecer. De todas maneras el respeto es fundamental. Respeta al anciano, al niño; al que sabe y al que no sabe; respeta al humilde y al soberbio, al débil y al fuerte, acércate a unos, aléjate de otros, mas siempre otorga a cada uno, por lo menos una oportunidad.

Aprende desde esta edad a perdonar, a olvidar la negligencia ajena; ser rencorosa es convertirse en una caja de basura y la peor manera de ir por la vida es convertida en una cloaca ambulante. Enseña sin esperar nada, cada uno es libre de sembrar lo que quiera, lo único obligatorio es cosechar lo que hemos sembrado.

Los animalitos, grandes y pequeños, son nuestros hermanos menores y están aquí para ayudarnos. Wayrita, haz de ellos tus amigos, háblales, juega y disfruta de su compañía. Si no tienes intención de atacarles, nunca te harán daño, los animales no son peligrosos, sólo se defienden al sentirse atacados. Los árboles también están para ayudarnos, las flores para alegrarnos, juega con ellas mas no les hagas daño, pues sufren el maltrato y se alegran con nuestro cariño.

¿Sabes, Wayrita?, la vida es larga y corta a la vez; larga porque un instante en el fondo es eterno, corta porque todos estamos de paso. Por ello debemos vivir intensamente cada día, sin complicarnos ni perder las oportunidades de crecimiento y aprendizaje. A veces parece que nos fuera mal; sin embargo, todas son enseñanzas.

Soy tu padre en la fugacidad de esta encarnación, pues todos somos espíritus en evolución. No esperes de mí cosas materiales, eso es secundario, lo fundamental que obtendrás a mi lado es la posibilidad de crecer armónicamente expandiendo tu conciencia y disfrutando de la Vida. Mi mejor herencia será el ejemplo convertido en vivencia diaria, entonces ni siquiera las palabras serán necesarias.

Wayra, estás en una edad en la cual descubrir el mundo es la tarea fundamental. Observa todo lo que encuentres con mucha atención, descubre esa realidad que se esconde en lo aparente; no te conformes con explicaciones superficiales y vagas afirmaciones, profundiza e investiga, tienes todo un mundo para descubrir, descúbrelo, el mundo te espera.

Ya tienes amiguitos, viajaste con nosotros, conociste gente de todas partes, niños de diferentes colores; todos son iguales, todos son hermosos.

Algo quiero enseñarte hoy, Wayrita, y es la importancia del silencio. Silencio significa ausencia de palabras y también de pensamiento; un momento al día, todos tenemos necesidad de estar en completo silencio. Cuando quieras entrar en silencio, siéntate con las piernas cruzadas mirando al Este; puedes tener delante una flor y observarla sin pensar nada durante un tiempo, de esta manera nos purificamos y llenamos de energía. El hombre moderno ha olvidado el silencio y fíjate cómo está.

A tu edad la actividad física es muy importante pues te permitirá que tengas un cuerpo sano y fuerte. Quienes viven en las ciudades precisan hacer gimnasia y deportes no competitivos; nosotros que vivimos en el campo, sólo precisamos correr descalzos, jugar desnudos, subir a los árboles, recoger la fruta o regar las plantas.

Cuatro veces al día párate donde sea que estés unos instantes y respira consciente y profundamente, siente tu cuerpo, concéntrate bien en lo que estás haciendo y luego continua tu labor con más atención.

Debes saber que no sólo somos lo que se ve, tenemos otros cuerpos transparentes que los ojos no pueden ver. A nivel físico somos la acumulación de células, ellas aprenden a hacer unas y otras cosas y forman órganos. Wayrita, nuestros órganos entienden cuando les hablamos, se alegran cuando les cuidamos y funcionan mejor cuando les amamos. Habla con tu cuerpo, aprende a escuchar lo que te dice entonces la salud estará siempre contigo.

Antes te expliqué que todos estamos de paso, por eso no debemos acumular cosas que sólo interfieran nuestra felicidad. Antes de nacer estábamos vivos de otra manera, al morirnos pasamos a una vida diferente y así el viaje cíclico de la evolución continúa. La vida en esta Tierra es una oportunidad para evolucionar y comprender los grandes misterios de la existencia.

Mira el cielo una noche despejada, nada de eso es casual, son los abuelos que nos invitan a vestirnos de luz. Wayra, cuida mucho lo que siembras en esta vida, que la cosecha es inevitable. Respecto a la muerte, Wayrita, al ser el nacimiento a otra vida, es algo maravilloso que no debemos temer ni buscar; un día nos encontraremos con ella, sólo tenemos que estar preparados.

Que cada día desde que naces sea un maravilloso e interminable juego, hagas lo que hagas, todo es parte del mismo Sagrado juego de la vida. Al terminar el día, y cuando llegue la hora de acostarse, primero prepara bien el lugar de dormir, límpialo con un poco de incienso, ora al *Intij Inti* por haberte regalado un día más y pide a los protectores que te permitan un sueño agradable y reparador. Duérmete siempre pensando cosas hermosas; al día siguiente, levántate con agradecimiento y alegría, el baño o ducha fría y breve, activará tus energías, para disfrutar el nuevo día.

Wayrita, no debes olvidar que los ancianos son nuestros guías visibles, les debemos a ellos respeto y agradecimiento, están en el camino más tiempo y conocen muchas señales; escuchemos sus enseñanzas, pues aunque vivieron en otro tiempo, ese conocimiento es aclimatable a cualquier época. Los Ancianos guardianes de la tradición son auténticas luces en el camino, agradece su compañía.

Sé siempre honesta, Wayrita, no importa la consecuencia de tu sinceridad, ella no es negociable. Nuestros antepasados los Incas sancionaban muy severamente le mentira *Ama Llulla*, porque somos sagrados y la vida es sagrada. Y si la mentira rompe la armonía, niégate rotundamente a ella, estamos aquí para evolucionar no para reptar degradados y llenos de mugre.

Sé agradecida, respetuosa y amable, comparte todo lo que tengas, ayuda a los demás y no pidas nada a cambio; si tienes dos ponchos y encuentras a alguien que no tiene, dale uno y no se lo cuentes a nadie a menos que te pregunten.

Sé siempre buena, un día descubrirás lo importante de ayudar a los demás. Ayuda y no sólo a tus amigos. Wayra, la vida es una fiesta en la que tenemos que participar totalmente. ❊

Cuarta parte

Y los años continuaron pasando, Wayra, me parece que fue ayer cuando preparábamos tu nacimiento o cuando dabas tus primeros pasitos, te encantaba intentarlo sola, no importaba que te cayeras, te gustaba levantarte sola; está muy bien, no importa cuántas veces nos caemos, sino cuántas veces nos levantamos. Mayor es el mérito cuando nos atrevemos a levantarnos solos. Wayra, ahora que eres joven, cómo no escribirte unas palabras, esta es quizás la edad más hermosa, y simultáneamente la más peligrosa ¿estás preparada?

Debo comenzar reconociendo la gran dificultad de audición que caracteriza a la juventud. No Wayra, no quiero imponerte nada. Creciste en un contexto de total libertad, sabes que tienes derecho a equivocarte, así como el deber de aprender de cada situación. Recibiste como enseñanza fundamental el ejemplo de una vida armónica y de servicio a los demás; ahora que continuarás tu camino aún con mayor autonomía, quiero recordarte la importancia de no confundir bondad con estupidez, ternura con cobardía, amabilidad con debilidad.

La mujer es poderosa, cuando está en su centro. El halago y la acusación son dos caras de la misma falsa moneda, no las recibas, si no las recibes nada te afectará y gradualmente te irás vistiendo de invulnerabilidad.

La mujer guerrera es imperturbable; al situarse más allá del éxito y el fracaso, la serenidad y la armonía son su estado habitual. No corre ni se queda, sabe avanzar; no se complica ni se queja, ama lo que hace y se entrega plenamente a cada instante, sabe que la vida es una danza sagrada, esperando nuestra ferviente participación.

Wayra, ¿continúas danzando como antes? ¿Sigues abrazando árboles y jugando con las estrellas? ¿Continúas considerando amigos tuyos a todos los animalitos y permitiendo que la lluvia de verano acaricie tu cuerpo?

Ahora que comenzaste a tener amistades "normales", ¿viste los niveles de represión con que fueron criados? ¿Observaste la cantidad de miedos que transportan? Nada de eso trae uno cuando nace, son los padres y profesores quienes se ocupan de proveernos de esas incómodas valijas con que dificultamos el maravilloso viaje de la vida.

¡Cómo has crecido Wayra!... tu cuerpo se vistió de mujer, comenzaste a arreglarte el pelo de otra manera, tu vestuario inocultablemente se modificó, tus ojos se llenaron de una mirada viva y profunda, ¿estás dispuesta a pasar por las pruebas típicas de esta edad que te habiliten para los posteriores niveles de la vida?

Antes de pasar por las pruebas de rigor aún serás considerada una niña. La belleza exterior que ahora inunda tu apariencia es eso, apariencia, cáscara inservible cuando no se origina en la belleza interior. Las pruebas de la juventud te permitirán cultivar una belleza más duradera aún. ¿Estás dispuesta?

¿Fácil? ¿Difícil? ¡Qué importa! Cuando tenemos que hacer algo, esas preguntas no sirven. Deberás ascender a la sagrada montaña venciendo la prueba del cansancio, alcanzar la cima, y permanecer en ella cuatro días y cuatro noches en ayuno total y soledad. La noche se llevará si existe algún miedo y cada amanecer te devolverá a la vida fortalecida. Deberás ampliar todos tus límites, trabajar con los cuatro elementos, en las cuatro direcciones y la última noche como bautismo telúrico enterrarte desnuda, hasta el cuello, en una fosa horizontal con la cabeza al Este… La tierra te purificará, morirás una etapa y con la salida del *Tata Inti* renacerás transformada.

En ti hay algo más que una joven atractiva: por tus venas circula la sangre de los Incas, de los Amautas, de los Hombres y Mujeres Sagrados. Tienes la posibilidad de contribuir al despertar de la espiritualidad indígena y curar las heridas de nuestra Madre Tierra, que hoy más que nunca nos está llamando. Es urgente despertar a nuestros hermanos, la agonía de la Tierra lo exige, el inminente Gran Amanecer de los Tiempos lo requiere, ¿viajarás con nosotros repoblando de flores los corazones?

Wayra, si quieres puedes continuar viajando con nosotros, mas no tienes la obligación de hacerlo.

Nuestra labor tiene que ver con las necesidades del Nuevo *Pachacuti* y la emergencia de este tiempo. Continuaremos enseñando a la gente a disfrutar la vida y hacer de cada día una maravillosa aventura de crecimiento. Si te quedas, recuerda que tu libertad es una valiosa joya completamente exenta de negociación o trueque. Cuando vuelva a verte, sólo anhelo encontrarte libre, como siempre te crié.

He observado cómo comienzas a tener determinadas amistades masculinas; Wayra, es importante saber que en esa edad, toda relación sentimental por muy fuerte y definitiva que parezca, es mejor que sea eventual. La edad en que te encuentras es un buen momento para descubrir el mundo de otra manera, para descubrirte a ti misma en profundidad; sólo cuando te conozcas a ti misma, podrás conocer a los demás, antes de ello, la frustración está garantizada. No hay prisa, la juventud es la edad en la cual se puede saborear la libertad, con más intensidad.

Llegará un momento en que la propia dinámica de la pareja te ponga en frente de situaciones hasta hoy novedosas como el tema de la relación sexual. Hablar del tema, Wayra, supone referirse a una importantísima energía que poseemos todos, que bien manejada puede contribuir al crecimiento espiritual; sin embargo, cuando es mal utilizada y desperdiciada en actos que no van más allá del mero instinto degradado, la persona transita descendentes senderos; entonces, su aspiración estará en función de su condición reptante y la posibilidad del vuelo, estará desterrada.

No Wayra, no se trata de reprimirse, de temer o complicarse, se trata de actuar desde un nivel de conciencia y conocimiento, eres mujer y tienes derecho a conocer tu cuerpo, descubrirlo y disfrutarlo; empero, sería interesante que te muevas en un contexto en el que la reverencia, la transparencia y las Sagradas enseñanzas de los Andes estén presentes. Nada de esto es nuevo, nuestros antepasados lo conocían y manejaban muy bien; cuando esto ocurre, todo deviene con naturalidad y responsabilidad, evitándose la concepción accidental que es responsable de muchos problemas y seres con diversos trastornos.

Nuestro cuerpo es Sagrado, al ser el vestuario de cuerpos más sutiles, es importante conservarlo armónico y hermoso. En nuestro cuerpo están resumidas todas las fuerzas de la *Pachamama* en forma de danza luminosa de energías que fluyen y refluyen. Nuestro cuerpo está regulado cíclicamente por controles internos imposibles de ubicar anatómicamente en su totalidad.

Debes saber que la mujer es fértil sólo unos pocos días al mes, el resto del tiempo la esterilidad eventual actúa como recurso anticonceptivo natural, lo único que precisas saber con precisión es el momento en el que estás. Si conoces bien tu cuerpo, si hablas con él, incluso funciones involuntarias podrán ser manejadas voluntariamente.

La juventud es el momento ideal para dar un sentido profundo a la vida; lo que hagas, no está bien ni mal, depende del momento en que te encuentres en un momento determinado. ¿Qué sentido darás a tus pasos? ¿Con qué llenarás tus días? Si acaso quieres continuar por nuestro camino, tendrás que vencer pruebas muy duras, pasar por un riguroso entrenamiento que te convierta en Caminante-Guerrera.

Wayra, la mujer es poderosa cuando está despierta, esa posibilidad está abierta para ti y el momento de la gran decisión es este. Al moverte por el mundo conocerás jóvenes de tu misma edad o menores, saturados de miedos y vicios, ello es consecuencia de una educación familiar y escolar represiva e intranscendente. Intenta ayudarle a los que honestamente quieran superar esa condición degradada, otorga siempre una oportunidad más y si no la aprovechan, aléjate de ellos cortando sin vacilación toda amistad que tienda a llevarte para abajo.

Sé fuerte, no permitas que te manipulen desde lo sentimental, acostúmbrate a manifestar lo que sientas con ternura y firmeza y fundamentalmente no generes sentimientos de culpa. La guerrera realiza actos circulares completos, entonces es invulnerable.

Ahora que vas al mundo, es cuando debes usar todo lo que aprendiste con nosotros; que nada te sorprenda, que nada te decepcione, no estás bajando al mundo a juzgar ni a complicarte, tu paso por él tiene una función de aprendizaje y formación. Es muy fácil ser feliz aquí en la Comunidad, entre cantos y danzas, entre flores y seres amorosos, ahora tienes que ser feliz y plena en un mundo que es como es. Usa tu inteligencia, tu intuición y sensibilidad y sigue creciendo, el crecimiento es un viaje en el cual está prohibido aparcar.

Y si la coherencia es el contexto, el poder se manifiesta indetenible; entonces, nadie podrá ponerte mal, excepto tú. ¿Continuarás disfrutando la vida? ¿Continuarás vistiendo el poncho de la humildad? ¿Continuarás entregándote plena a todo lo que hagas?

En nosotros, como siempre, encontrarás un respaldo, no enjuiciaremos tus actos, sólo te pediremos que todos se originen en un nivel de conciencia y libertad, y te recordaremos la ley ancestral que nos da la libertad de sembrar lo que se nos ocurra y que luego nos condena a cosechar inevitablemente aquello que sembramos. Wayra, cuida la siembra que la cosecha es inevitable.

En la juventud las energías se expresan con gran intensidad; ello a menudo induce a la gente joven a abusar de su cuerpo y malgastar sus energías. Wayra, no olvides que toda enfermedad es evitable, si vivimos armónica y amorosamente. Durante la juventud uno se cree invulnerable y se comenten excesos y, luego, más temprano que tarde vienen las consecuencias vestidas de enfermedades a pasarnos la factura.

Cuida tu cuerpo, es sagrado, elige alimentos naturales, evita todo exceso, piensa positivamente, sé amorosa y comprensiva y vive en permanente contacto con la Naturaleza. Ten momentos de silencio total, sé agradecida mientras estés viva. En las más diversas circunstancias sé siempre tu misma, honesta, transparente, insobornable, auténtica, valiente; sólo los seres valientes son capaces de amar, pues el amor comienza donde terminan los miedos. Vive el instante, no vale la pena ser esclavos del pasado ni prisioneros de un futuro que quizá jamás exista.

Wayra, el hombre moderno vive lleno de cadenas, incluso hay seres orgullosos de sus cadenas; anda muy atenta, que el hombre civilizado tiene vocación de prisionero, el conocimiento Sagrado que recibiste de nosotros, sólo puede crecer en el fértil terreno de la libertad.

Wayra, no importa que tus amigas tengan más cosas que tú, es pura basura, tú nos conoces, nosotros no entregaremos fragmentos de nuestra vida a cambio de dinero con que poder comprar lo que no necesitamos. Ciertamente muy pocas cosas son necesarias de verdad. ¿Acaso no nos regalaron la frescura del aire y la belleza del arcoíris?

¿Acaso no es nuestro el maravilloso amanecer y ese majestuoso paisaje estelar que cada noche despejada decora nuestra vista? ¿Y el trinar de las aves, el calor del Sol y el color de la flor? Los demás pueden tener la casa llena, nosotros tenemos lleno el corazón.

Wayra, sólo tienes que competir contigo misma, para que cada día seas más plena, más feliz. Sólo tienes que encontrarte a ti misma, tú eres el continente a descubrir. Sólo tienes que viajar a ti misma, el espacio a transitar eres tú; tú Wayra, eres la vida y la vida es el más hermoso regalo. ¿Eres un regalo para los demás?

Esto que tienes en las manos es la más hermosa oportunidad para crecer y disfrutar, para aprender y compartir, para cantar y danzar al interior del Sagrado juego de la vida. No desperdicies ni un sólo día, aprende, todo es una circunstancia de aprendizaje cuando estamos atentos. Observa con atención, escucha con respeto, piensa lo justo, siente y presiente, usa todas tus facultades; eres poderosa, tienes alas para volar esperando ser estrenadas.

Todo tiene vida, Wayra, todo es diferente nivel de vida, pero Vida al fin; respeta todo lo existente, comunícate con o sin palabras, si hablas desde el corazón puedes estar segura que serás entendida. Los animales están para protegernos, habla con ellos; los árboles están para orientarnos, habla con ellos; las piedras están para darnos energía, habla con ellas.

Cuando pequeña, ¿recuerdas?, te convertías en flor, nube o mariposa, eso también puedes hacerlo ahora desde un nivel diferente de conciencia. De pequeña sabías que el tiempo es un camino; ese camino te puede llevar ahora más lejos aún.

Tú como todos, Wayra, tendrás problemas, nunca te prometimos lo contrario, empero aprendiste de nosotros que los problemas son enseñanzas, que las adversidades adjuntan valiosos mensajes y que tenemos que ser capaces de descubrirlos; de lo contrario nos condenamos a repetir semejantes circunstancias.

Lo que el hombre civilizado llama problemas, son preciosas oportunidades para crecer; si crecemos gracias a una adversidad, ¡bienvenida sea! ¡Qué sería de nosotros sin problemas! La capacidad de solucionar los problemas con amor y humor, es un valioso indicio que muestra cuán evolucionados estamos.

Nosotros, tú lo sabes Wayra, no creemos en diplomas ni títulos, hay demasiada gente llena de diplomas y que sin embargo vive reptando miserablemente. Que no te impresionen los diplomas ni te seduzca el halago; que el dinero no sea un fin en sí mismo, ni el orgullo tu manera. Un tesoro: la paz interior; un diploma de presentación: la humildad; una especialidad: la ininterrumpida felicidad; un título perpetuo: Ser Humano, ser indígena. Si todos fuéramos salvajes la Tierra estaría salvada.

Vivenciando el conocimiento PACHACUTY nos convertimos en seres poderosos; es decir, podemos amar sin temor, dar sin esperar nada a cambio, perdonar con facilidad. Quizá un día te conviertas en una mujer de conocimiento, guerrera y caminante; mientras tanto, tu formación interior será evaluada en la Escuela de la vida. Wayra, no temas equivocarte y no dejes de aprender, el camino al conocimiento se inicia aceptando la posibilidad del error sin Temor; más allá del error, está la enseñanza, un día, quizá pronto, ya no precisarás equivocarte.

Explora, descubre, imagina, expresa, disfruta, comparte y cuando tengas algún problema: danza, ello preservará tu lucidez y las alternativas de solución se multiplicarán.

Wayra, no te aferres a nada, deja en libertad tu libertad. Este es un tiempo especial, tú lo sabes. Los guardianes de la tradición de Amerrikua hemos salido de nuestro silencio ancestral, descendiendo al mundo civilizado donde al hombre le urge despertar. Las señales de los tiempos comienzan a manifestarse, es el momento de repartir el tesoro de nuestro conocimiento mágico entre todos los corazones disponibles; la noche ha transcurrido, el gran Amanecer está comenzando ¿estarás despierta en tan importante acontecimiento? Se prepara la abolición de la frivolidad, de la irreverencia, el panorama será dramático para quienes se empecinan en dormir. Wayra, si te mantienes despierta, participarás de uno de los acontecimientos más importantes de los últimos Tiempos.

Wayra, tú sabes que nosotros tenemos una larga tradición iniciática que ahora abre sus puertas a Occidente. Habrá gente, cada vez más, cuyo cuerpo no será indio, mas su alma completamente indígena, muchos de ellos anteriormente fueron de los nuestros, este es el tiempo de unirlos a todos, vengan de donde vengan y sin importar el color que tengan repartirles al agua sagrada del conocimiento, para que la semilla ancestral guardada en su tradición germine y crezca.

Esa es nuestra labor, la Madre Tierra nos lo ha pedido. ¿Participarás en esta sagrada labor en la que se precisa mucha gente de todas las edades y procedencia?

Al principio, sólo quienes han tenido profundas experiencias místicas podrán comprendernos y comprender el significado del *Janajpacha*. Muchos no nos comprenden porque se acercan hasta nosotros con la cabeza, cuando nuestra enseñanza tiene como único destinatario el corazón. Y los que no nos comprenden, luego especulan y en su confusión nos acusan. Wayra, cuando en tu camino encuentres a alguien acusándonos, escucha todo lo que diga sin responder; cuando creas que ha terminado de evacuar semejante basura, sonríele amablemente y márchate, le habrás ayudado a eliminar algo que le está intoxicando. Por lo demás, no te preocupes; si tú no te identificas con lo que dice, carece en sí de la capacidad para afectarte, constituyéndose además en una valiosa oportunidad para probar la fortaleza de tu imperturbabilidad.

Nuestros antepasados siempre buscaron un mundo mejor. Wayra, ¿apostarás tu vida a favor de aquella Sagrada labor? Mucha gente también lo buscó, empero, olvidaron que la reverencia es la manera y el crecimiento espiritual la clave. ¡No es posible aspirar a tener mejores días si nuestra conciencia está empequeñecida y nuestros objetivos reducidos a meros anhelos materiales!

Si quieres, Wayra, puedes conocer otras religiones y visitar grupos esotéricos, nunca te privaremos de ello, mas quiero decirte con anticipación, que el Pachacuti que comienza es la superación de la espiritualidad institucionalizada y burocratizada, conocida como religión. Este es un tiempo de libre y espontánea canalización de nuestra tendencia mística, el retorno de esa espiritualidad Natural que nos convierta otra vez en seres libres y plenos, guiados por la intuición y las señales.

Puedes ir con total libertad, no siempre creas lo que dicen, observa desprejuiciada y prolongadamente su práctica, las cosas no siempre son lo que parecen. Y entonces, sigue lo que dice tu corazón, los caminos son diversos, mas la esencia es la misma, lo único que importa es la autenticidad.

Wayra, conocerás gente que aún no se ha enterado de la difícil situación que atraviesa el planeta; en lo posible, ayúdales a despertar. Más que palabras, que sean tus actos, tu conducta, tu manera de vivir. Entonces tu silencio será elocuente y estarás en coherencia con el llamado de la Tierra que hoy más que nunca nos pide crecer.

Tú como mujer, Wayra, tienes una misión general fundamental: preservar el fuego sagrado e irlo transmitiendo a las nuevas generaciones. Cada Luna tu cuerpo se purificará, esos son días de purificación, de retiro y silencio. Un ciclo concluye para dar paso a otro; esos días, no participarás de ninguna ceremonia más que aquella que tú misma y la Madre Tierra realicen aquellos días. Aquellos días especiales tienen un carácter mágico y son cuatro. La última parte del último día, la danza será la conclusión adecuada y la transición a la actividad habitual.

Y cuando disfrutes de todo lo que hagas, la vida se habrá apoderado de ti en cuerpo entero, la fiesta de crecimiento habrá comenzado, la danza y el éxtasis se habrán iniciado. Entonces, Wayra, percibirás belleza en todas partes, contemplarás la oscuridad con ojos de luz y el corazón será tu morada.

En un primer momento, sería bueno que te rodees de seres evolucionados; en un segundo momento, no olvides que la medicina la precisan los enfermos; en todo momento recuerda que esto es un juego sagrado, que jugando con libertad es como crecemos.

Nunca te des por vencida, mas no actúes con rigidez, no hay sólo una manera de hacer las cosas. Recuerda que cuando todo parece perdido, es cuando surge esa chispita de luz indicándonos un nuevo camino.

Wayra, haz de tu vida una obra de Arte, un canto a la libertad, un monumento a la espontaneidad, una contundente apología de la creatividad. ¡Sí, Wayra! Crea, imagina, inventa. ¿Cómo podrías perderte la parte más hermosa de la vida viendo televisión o poblando bares? Y si alguna vez descubres una cadena en ti, recuerda que toda cadena es rompible; que cuando avanzamos, toda la fuerza de la *Pachamama* está con nosotros.

Wayra, permanece siempre alerta; alerta contra los miedos que nos inoculan, contra la estupidez que nos contagian, contra la soberbia a la que nos inducen, contra la infelicidad que nos recomiendan. No hace falta pensar demasiado, no precisamos mucho dinero, la comodidad artificial degenera, la falta de entusiasmo mata en vida.

Y cuando hagas algo, conviértete en lo que estás haciendo. Nunca dejes de observar tu propio interior, en especial en momentos de grandes decisiones; sé honesta contigo misma, no te compliques intentando comprenderlo todo, hay cosas que se explican solas, en algún momento… vivencialmente.

Nada tiene final, cada instante es un fin y un principio, una eternidad. Lo último que puedo decirte es que la vida es una Escuela Permanente, que el momento de aprender es ahora, que sólo el que se ayuda a sí mismo es capaz de ayudar a los demás. Hasta siempre, Wayra, no olvides que aunque estés sola, la *Pachamama* estará contigo. ❀

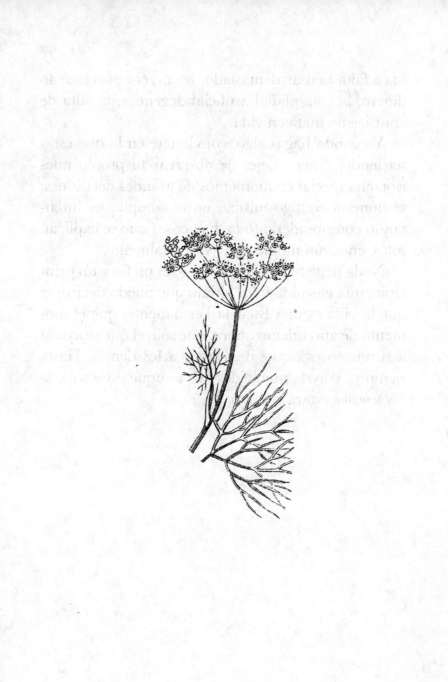

Quinta parte

Ha pasado el tiempo, la juventud quedó atrás, me parece ayer cuando esperábamos tu llegada con la ilusión de quien espera un amanecer. Formaste un hogar, tienes unos niños, ¿qué más puedo decirte? Sabes que tienes que hacer con ellos lo que nosotros hicimos contigo, sabes que no son de tu propiedad, que el ejemplo es la mejor herencia, es grotesco enseñar algo que no somos capaces de cumplirlo.

Espero que sigas cultivando el amor en el huerto de tu corazón, la ternura es el mejor remedio, la mejor manera de ir por esta vida en la que todos estamos de paso.

De pequeña aprendiste que el exceso de pensamientos sólo sirve para abonar la estupidez, que si piensas mucho todo se vuelve más complicado.

Trabaja, pero no al punto de ser esclava del trabajo; es necesario tener tiempo para todo, en especial para uno mismo y para estar en contacto con la Tierra.

Nunca es demasiado tarde para lo que tu corazón te pida hacer ¿sientes tu vida?..., no dejes ni un instante de sentirla y vive, vibra, canta, los años han pasado más las ganas de vivir deben estar presentes hasta el último instante, independientemente de las cosas que ocurran en nuestro entorno. Si recibes todo con serenidad, no te privas de aprender la enseñanza que adjunta cada circunstancia.

¿Estás haciendo de tu vida una secuencia inolvidable? ¿Estás viviendo de verdad? ¿Continúas creciendo indetenible? Asume con humildad tus errores, purifícate con el silencio y la danza y donde sea que estés, remodela lo que sea necesario y vuelve a embriagarte de vida. Nuestros antepasados nos pidieron que seamos fieles a la vida plena.

Wayra, somos hijos del Sol y debemos retornar a él, lo que vinimos a hacer hecho está. Hay un momento en que este cuerpo visible se convierte en un equipaje innecesario, entonces es tiempo de fusionarnos con el atardecer y morir con él, vestirnos de luz y en las noches contemplar en mundo en forma de estrella. No, Wayra, no es una despedida definitiva, es un hasta luego, ¿es que acaso no morimos cada noche y renacemos al amanecer?

No, ya nada más tengo que decirte, te lo dije todo, te di todo, lo demás vendrá por otros canales.

Wayra, te agradezco por haberme elegido como tu padre en esta encarnación; intenté dejarte el conocimiento que me dejaron, abrirte la puerta ancestral, señalarte un camino.

El tiempo ha pasado y tu vida es la respuesta válida. No, a mí no me debes ninguna explicación, en el fondo sólo fuimos compañeros de viaje en este tramo de retorno a casa. Tu presencia alegró en muchos momentos mi vida y te estoy agradecido, cuánta falta hace la alegría en este mundo moderno tan serio y complicado. Gracias Wayra.

Fue genial tu presencia, tus travesuras y ocurrencias, en especial en esos momentos en que una incomprensión generalizada se alzaba en torno nuestro, cual huracán enfadado, o cuando nos visitaba la intolerancia y la injusticia nos clavaba sus garras, aparecías tú, pequeña, y pasabas olímpicamente todo eso recordándonos esa Suprema indiferencia que potenciaba nuestra invulnerabilidad. Wayra, fue duro, tan duro que el solo recuerdo deja mi cuerpo surcado por una sensación extraña, mientras inevitables lágrimas se desplazan hasta mis labios resecos, humedeciéndolos una vez más, como tantas otras veces.

Y, sin embargo, la fiesta de la vida jamás fue interrumpida, ahora después de una vida breve pero intensa, debo partir, todos tenemos que partir alguna vez y mi momento ha llegado.

No te dejo nada material, lo que tuve siempre fue de todos, aquello continuará cumpliendo la misión para la que fue hecha. Te dejé lo más importante, el tesoro más valioso: el acceso a nuestra herencia mágica ancestral. La semilla está ahí, su germinación y crecimiento está en tus manos.

Cuando me haya marchado, devolverás ceremonialmente el vehículo corporal abandonado a la Madre Tierra junto al árbol guardián. Desde entonces vestido de estrella, ave o árbol visitaré la Comunidad y compartiré con los hijos de la *Pachamama* ese instante de libertad y crecimiento que durante tanto tiempo soñamos.

No, no estaré ausente, estaré en todas partes. Y si fuera necesario, se me otorgará otro vehículo corporal y volveré a ser niño, volveré a jugar con vosotros y aunque mi voz no pueda identificarme, mis *ajayus* recordarán en silencio y me acercaré otra vez a ti y a toda la gente que tanto amé y en silencio mis ojos de niño preguntarán ¿es que acaso no me recuerdas?

Wayra, ha pasado el tiempo, como tú pasas en este momento por una calle cualquiera, al lado de un niño descalzo que pide un trozo de pan, encontrándose con uno y otro rostro indiferente; de pronto gira su cabecita y al verte queda paralizado contemplándote, el viejo sombrero que llevaba en la mano cae, rápidamente lo levantas y lo devuelves dejando una moneda dentro y partiendo de prisa. El niño, sin prestar atención a la limosna, queda contemplando tu partida, en su cuerpo pequeño un corazoncito late acelerado, los labios resecos fueron humedecidos por inevitables lágrimas; la vida continúa, cíclicamente, presentándonos, a pesar de todo, nuevas oportunidades. ✤

Wayra

20 Años después

LO QUE
TODO JOVEN
TIENE QUE SABER
PARA TRIUNFAR
EN LA VIDA

Las cartas secretas

Querida *Wayra*

1 ✴

Han pasado veinte años desde cuando comencé a escribirte. Advierto en ti emergiendo una mujer con criterio propio, he visto tus sueños girar en torno tuyo, te dirán que construyes castillos en el aire, es cierto, entonces, ponles cimientos y listo, la opinión pública es una señora que se cree muy importante pero, ¿sabes?, también se muere; es decir, no es tan importante como parece. Desde luego es importante tener el sentido de ubicabilidad y tener los objetivos claros, pero no seas una más de la manada, te prefiero la oveja negra, pero lúcida y viviendo bien.

2 ❀

Han pasado veinte años, quizá no recuerdes cuando aún habitabas el planeta útero, ahí lo tenías todo, sensaciones como hambre, sed, frío, estaban automáticamente resueltas, sin embargo, ese paraíso era temporal, como todo en la vida; y llegó el momento de nacer, de crecer, de madurar. Ahora precisamente te encuentras en la juventud y lo primero que tienes que aprender es precisamente aprender a vivir, quizá es lo único que requieres aprender, porque ello incluye todo. Mira las calles, la transitan personas extraviadas, perdieron su alma, porque no encontraron escuelas para aprender a vivir. ¿Sabes que no nacemos humanos, que no nacemos completos, que ese es el precio de nuestra libertad? ¿Sabes que todas las demás especies nacen completas y que ello significa esclavos de sus genes, de sus reacciones?

3 ✳

Aún no podemos comprender lo que es la eternidad, sin embargo, sabemos que la vida es corta. Cuando se es joven, tenemos la impresión de tener mucho tiempo y toda la vida por delante; espera, en cualquier momento serás adulta, luego anciana y después sólo un recuerdo, por ello, perder tiempo en la juventud es un grave error. Hoy leí en la prensa del suicidio de dos jóvenes, se sintieron incomprendidos y decidieron matarse; ningún joven será totalmente comprendido, recuérdalo, en verdad, no hace falta que te comprendan en todo, es suficiente con que tú tengas claro lo que estás haciendo, que aprendas de tus errores y nunca te acuestes sin haber aprendido algo nuevo; no dependas de la comprensión de los demás, pero conócete cada vez mejor.

4 ☆

Observo caos, hay ruido por todas partes, el mundo
está un poco peor de cuando tú llegaste, sin embargo
la vida continúa siendo hermosa, por ello, no entiendo
a los que se suicidan y si son jóvenes más aún, en una
vida tan corta, sin noticias confirmadas del más allá;
cuando en verdad todos somos condenados a muerte, suicidarse es una imprudencia. ¿Te das cuenta
Wayra?, no es necesario suicidarse porque la muerte
vendrá por nosotros a su tiempo, no hace falta buscar-
le. Es cierto, muchas cosas no salen como queremos,
pero eso también es bueno, porque con la actitud
adecuada nos hacemos fuertes. Prepárate para dar la
bienvenida a los problemas, aprender de ellos y crecer
con todo lo que te pase.

5 ✳

Wayra, me pregunto con frecuencia qué piensa un
joven a tu edad, qué significa para ti tener veinte años;
me pregunto cómo ven la vida los jóvenes, cómo se vi-
sualizan en el futuro, cómo te imaginas a tus treinta
años, cómo te gustaría vivir. ¿Sabes?, te cuento, así
entre nosotros, que yo no creo en el destino, porque
creo en la libertad; si todo está decidido de antemano,
no podríamos ser libres. Creo que lo que nos pasa,
depende de las decisiones que tomemos y hay que

prepararse para tomar buenas decisiones porque de eso depende toda la vida. ¿Quieres ser feliz en la vida, libre?, ¿quieres triunfar?, todo depende de las buenas decisiones que tomes y con esto no te digo que no cometas errores, intenta no equivocarte pero no tengas miedo a los errores y cuando cometas alguno, aprende de ellos y sigue adelante.

6 ✿

¿Sabes quién soy?, es importante que el joven sepa de dónde viene, que valore a sus padres, a sus abuelos, que sepa de sus bisabuelos, porque no vinimos en paracaídas a la vida, somos la continuación de los que nos precedieron, sin embargo, cada generación tiene la libertad de añadir cosecha propia, recuerda eso Wayra, a lo que aprendas de tus padres, añade el conocimiento y la experiencia personal. Mis padres son quechuas y una abuela es mitad quechua mitad aymara, es decir, venimos de una cultura grandiosa como el Incario, ellos tenían conocimientos que, hasta ahora, el hombre occidental no comprende. ¿Recuerdas cuando estuviste en Sajsaywuaman, en Cusco?, nadie puede explicar cómo se pusieron piedras de varias toneladas de peso una sobre otra. No olvides que hay otros saberes que también son válidos y nos ayudan a vivir mejor.

7 ❧

Es importante valorar, respetar y agradecer a los padres, aunque no estemos de acuerdo con ellos. Muchos papás se equivocan con los hijos, porque los ven como propiedad privada y deciden por ellos, en realidad los papás están para proteger a los hijos cuando son pequeños y darles buen ejemplo, es deber de todo padre cuando sus hijos son jóvenes, escucharles y permitirles que sean ellos mismos. Yo te quiero así, independiente y con criterio propio, pero al mismo tiempo, crítica y curiosa, no tengas miedo de preguntarte y de inaugurar búsquedas, de dudar cuando sea necesario, la vida es un viaje apasionante y breve pero hace falta aprender a vivir.

8 ❀

Yo sé que me vas a preguntar y ¿dónde se aprende a vivir?, en esta sociedad, no hay escuelas para aprender a vivir, parece que fuera suficiente aprender a consumir, a pagar impuestos, a hacer lo que hacen los demás; eso es grave, pero no estamos aquí para quejarnos, la mejor actitud ante una situación inadecuada es la respuesta creativa. Un poco antes de que tú llegaras al mundo, intenté contribuir a la solución de este problema creando una escuela para aprender a vivir, en Cochabamba, Bolivia; allí naciste tú, allá se encuentra el árbol donde te recibimos en ceremonia ese amanecer, en el que apareció una estrella luminosa en el cielo. También he creado una escuela de sabiduría a nivel virtual, ahora eso es posible; te invito a ser parte de cualquiera de ellos, porque sin aprender a vivir sólo nos queda intrascendente supervivencia.

9 ❋

Quizá te estés preguntando si aprender a vivir es difícil, ¿sabes Wayra?, esta palabra no tiene sentido, ¿qué es difícil?, ¿qué es fácil?, son sólo palabras, cuando algo es importante, cuando tú tienes que hacer algo y es importante para tu vida, hazlo, no importa que todos se pongan en contra, no importa cuánto tiempo de demore, ¡hazlo! Sin embargo, asegúrate de que cada paso, sea dado con lucidez, con responsabilidad, recuerda que eres libre, pero también que se aprende a ser libre, entonces, ¡manos a la obra!, fórmate para ser una mujer realizada, libre, feliz. Todo esto es lo que da sentido a la vida, es decir, el no comprender esto, el descuidar tu formación, podría llevarte a ser una persona infeliz y, en verdad, la infelicidad no es necesaria, además hay tanta gente infeliz en el mundo y mira como está.

10 ✪

¿Quieres aprender a ser libre?, eso es posible, en realidad es fácil, pero empecemos desde el principio. Pregúntate primero para qué quieres ser libre, porque si no tienes razones válidas para tu libertad, más vale permanecer inactivo; fíjate cuántos jóvenes en nombre de la libertad terminaron destruyendo sus vidas. Si quieres ser libre para ser tú misma, lo mejor de ti, si quieres ser libre para crecer, para formarte, para escalar las cimas más altas, si quieres ser libre para ser una persona realizada, entonces, te comparto dos claves: la primera de ellas, enfrenta todos tus temores, haz lo que temes, siempre y cuando esa acción sea parte de tu formación; en segundo lugar, identifica tus necesidades falsas, recuerda, cuanto menos necesites más serás libre. Así te quiero, libre y creciendo indetenible.

11 ✳

Hablando de la libertad, fíjate qué hacen la mayoría de los jóvenes los fines de semana... en todo el mundo está de moda el alcohol, pero, ¿por qué tanta juventud se emborracha?, ¿cómo se pusieron de acuerdo para este unánime defecto? ¿Sabes Wayra?, esta sociedad no forma integralmente a los jóvenes, no les enseña a conocerse ni a manejar sus emociones, no les enseña todo lo que necesitan saber para aprender a vivir; entonces, un joven mientras crece recibe malos ejemplos, la gente infeliz cerca es un mal ejemplo, malos consejos, información errónea o malintencionada y, con todo eso, más el no conocerse, se forma una confusión y luego un vacío existencial, porque el joven cada año que pasa se conoce menos y, entonces, se da cuenta de cómo está el mundo, se decepciona casi de todo, en esta situación, el alcohol es la anestesia que disminuye el dolor del vacío, ¿qué te parece?

12 ✳

Algunos jóvenes me preguntan por qué es malo el alcohol y, en verdad, ahora existe mucha información de los perjuicios que producen las bebidas alcohólicas, la medicina actual puede demostrar cómo perjudica al cerebro, al hígado, cómo nos hace tomar malas decisiones, pero lo que realmente importa, porque ya todos sabemos que es perjudicial, lo más importante es comprender las causas, que los jóvenes se den cuenta que no necesitan alcohol si aprendieron a vivir, a disfrutar la vida. Lo que todo joven necesita es organizar su vida, de tal manera que se lo pase tan bien, que ninguna bebida alcohólica sea necesaria; ser libre significa no necesitar alcohol ni drogas, ni permitirse ninguna otra adicción. Wayra, a ti te quiero libre, tan libre que otros jóvenes puedan ver en ti un ejemplo, porque se puede vivir muy bien sin adicciones, eso lo tienen que descubrir los jóvenes, que una vida sin dependencias ni vicios puede ser espectacular.

13 ✳

Y junto con el alcohol, las drogas tampoco son necesarias. Se drogan los jóvenes que no aprendieron a vivir, entonces, es urgente aprender a vivir. Cuando se aprende a vivir se descubre que dentro de uno hay mucha energía, mucha fuerza, un poder increíble que nos permite hacer casi todo, sólo tenemos que aprender a manejarlo, a usarlo al servicio de lo que queremos. Las drogas estimulan un rato y luego uno cae en estados peores, las drogas dan placer un rato y, a continuación, nos llevan al infierno de la dependencia, esto es importante comprenderlo; el cuerpo, cualquier cuerpo, esto no tiene nada que ver con la voluntad, se acostumbra a lo que le dan, eso significa que se vuelve dependiente, que no puede funcionar más sin eso, que sufre cuando no lo tiene y obliga a la persona a hacer cualquier cosa para obtener lo que le falta. Todo eso significa volverse prisionero de uno mismo, de lo peor de uno. Quien es feliz no necesita ninguna droga.

14 ✽

Y cuando hablamos de drogas no me refiero solamente a las que se inhalan o inyectan, también es posible ser adictos al sufrimiento, hay gente que tiene una deformación formativa tan grande... que busca sufrir; aprende de ellos, para nunca transitar esos caminos. También puede actuar como una droga la dependencia al internet, a los juegos electrónicos y todo aquello que caracteriza esta época. Permanece atenta y mira en qué inviertes tu tiempo. Si encuentras que alguna actividad te quita mucho tiempo y no contribuye a tu formación, si sientes que te hace falta cuando no estás haciendo eso, ahí estarás en presencia de una adicción que precisa resolverse. Si quieres ser libre, tienes que serlo de todo y de todos, es más hermosa la gente libre; en cambio, cualquier cadena, toda forma de dependencia, termina perjudicando a quienes no tuvieron el valor de romper a tiempo las cadenas.

15 ✽

¿Y cómo ser feliz entonces?, te estarás preguntando. La felicidad es otro mito, es decir, muchas mentiras nos dijeron sobre la felicidad, al punto de que mucha gente cree que es imposible ser feliz. Wayra, es posible ser totalmente feliz, es más, es fácil, es más fácil ser feliz que infeliz. La razón por la que mucha gente es infeliz, es porque de manera indirecta, todos son entrenados para ser infelices, para sufrir, para complicarse, de manera que la infelicidad simplemente es la consecuencia del entrenamiento recibido. Wayra, te propongo romper ese círculo vicioso, no es necesario ser infeliz. Recuerda, para ser feliz no necesitas nada, sólo darte cuenta que estás viva, que la vida es breve y que ella en el fondo es un regalo. Y cuando tú lo decidas, declárate feliz. Recuerda también que la felicidad no viene de afuera, del dinero, de la fama, fíjate que la gente que más se suicida es gente con dinero. Tenemos que ser felices porque estamos vivos y porque hemos aprendido a vivir, nada más hace falta.

16 ✳

Algo más sobre la felicidad Wayra, descarta todo lo que hasta ahora escuchaste sobre la felicidad, hay muchas cosas falsas que se dijeron de ella, olvida, la felicidad no es una meta al final del camino, es el camino mismo; la felicidad no se busca afuera, por eso tanta gente nunca la encuentra; la felicidad es algo innato, los bebés son felices sin que nadie les haya enseñado, somos felices porque estamos vivos, porque nos damos cuenta que ser feliz es la mejor manera de vivir. La felicidad no depende de nada, de nadie, porque si permites que dependa que algo externo, un día, cualquier día la perderás. Prefiero verte feliz indefinidamente, eso no sólo es posible, es mucho más fácil, sólo que no se enseña a los jóvenes a ser felices, se les dice que es muy difícil, sin embargo, ahora tú sabes que la felicidad es posible, es fácil y que sólo depende de tomar la decisión valiente de declararse feliz. Soy feliz porque estoy vivo, porque puedo hacer lo que amo y porque aprendo cada día.

17 ✚

Muchos jóvenes me dicen: ¿cómo ser feliz en un mundo donde casi todos están mal? Precisamente, si la mayoría es infeliz, hay que mostrarles que la vida es otra cosa, que es posible ser feliz; si los demás te ven feliz a ti, es un buen ejemplo, es recordarles que sí se puede, de manera que si todos están mal, sé como la luciérnaga en medio de la oscuridad y esa luz de felicidad que verán en ti, les recordará que básicamente una luciérnaga es una mosca que se puso las pilas, es decir, que se atrevió. ¿Quieres ser feliz? Un requisito debes cumplir... ser valiente. Me gustaría verte ocupada en ser feliz, tan ocupada que nunca tengas tiempo para deprimirte, la depresión es el síntoma de no haber aprendido a vivir. Aprende a vivir cuanto antes y te habrás vacunado contra la depresión. Wayra, también quiero recordarte que en la vida puedes equivocarte, mejor si evitas el error, pero si algo salió mal, aprende y sigue adelante sin acumular culpas ni acusar a los demás, recuérdalo.

18 ✦

Hace un momento te hable de la importancia de la libertad, es que en verdad sin libertad la vida no tiene sentido. Los jóvenes que no son libres necesitan alcohol o drogas, depender de algo, de alguien. Me olvidaba advertirte de otro peligro que amenaza a muchos jóvenes y son las sectas religiosas, esos grupos que se creen dueños de la verdad y que consideran a todos los demás equivocados; por favor, evítalos, no es cuestión de inteligencia ni de tener una personalidad fuerte, el proceso de lavado cerebral que se realiza en estos sitios es tan fuerte, que uno llega a despersonalizarse, a perder todo control sobre sí mismo. Una secta es lo opuesto a la libertad, yo te quiero libre, volando alto, inventándote una vida en la cual seas cada vez más feliz, más libre y más útil a la sociedad; te imagino contribuyendo a la gestación de un mundo nuevo, porque si todo sigue como hasta ahora, tú ya lo sabes, no habrá futuro.

19 ☆

Hay algo muy importante que debes aprender cuanto antes y es a renunciar. En esta sociedad se forma a las nuevas generaciones con base en el miedo, se les enseña muchas cosas que no necesitan y se les habla poco, casi nada de la vida, de una vida que hay que aprender a vivir para que nos vaya bien. Vivimos tiempos de individualismo, de propiedad privada, el egoísmo está bien visto, hay gente que tiene más de lo necesario, y, simultáneamente, hay millones de necesitados. En un mundo así es recomendable ser solidario pero, antes de ello, hay que aprender a renunciar, esta es la parte práctica del desapego; quien aprendió a renunciar oportunamente se vacunó contra el sufrimiento. Renuncia a lo que no necesites pero renuncia también por el placer de renunciar, recuerda que cuando naciste venías desnuda y cuando te toque partir, ese día final e inevitable, nada podrás llevar. Wayra, quien sabe renunciar disfruta más la vida y comprende que ella es movimiento y cambio.

20 ✪

Te mencioné la muerte, esa cita inevitable a la que seremos convocados un día. ¿Sabes Wayra, que todos estamos condenados a muerte?, sólo que a diferencia de los que están condenados en una cárcel, nosotros lo tenemos peor, no sabemos cuándo será nuestro último día. Te recuerdo que la muerte le ocurre a gente de toda edad, mira los avisos necrológicos en los periódicos, la gente anciana en realidad es una minoría, uno se puede morir a cualquier edad. Una amiga anoche estaba cenando conmigo y al día siguiente me informaron que había muerto. Imagínate tu muerte por un momento…, la tuya, personal, ¿te das cuenta?

Pocas veces pensamos en eso y, sin embargo, la muerte es lo único seguro en la vida. Que el recordar tu muerte, de vez en cuando, te haga valorar más tu tiempo, tu vida, de manera que ningún momento sea desperdiciado y puedas llegar al punto de convertir cada instante en aprendizaje y felicidad, eso anhelo para ti.

21 ✳

Recordar la muerte nos habla del tiempo. ¿Te preguntaste qué es el tiempo? ¿Te das cuenta que somos tiempo que se está marchando, tiempo que se fuga, tiempo que se agota? Cada cumpleaños es un año menos, cada día, es un día menos de vida; sin embargo Wayra, no te hablo en estos términos para asustarte o desanimarte, sino para recordarte, ya que la muerte es inevitable, es decir, como no saldremos con vida de esta vida, lo que nos queda hacer es vivir apasionadamente pero sin apego. Vive con esa intensidad existencial que te lleve a aprovechar cada minuto para aprender, cada instante para crecer, cada instante para disfrutar. Que nadie te diga que disfrutar es malo, lo malo es la estupidez que nos hace hacer tonterías, sin embargo, mientras conserves tu lucidez, mientras uses tu inteligencia, mientras tomes buenas decisiones, puedes ser inmensamente libre y disfrutar tu vida.

22 ✳

Hubo un tiempo en que el placer era visto como algo negativo, en que tenía buena fama quien sufría, en que se recomendaba vivir con miedo. Menos mal que ese tiempo ha pasado, que ahora ya la gente sabe que es bueno disfrutar, mientras no te hagas daño ni perjudiques a los demás, puedes disfrutar todo lo que puedas, porque es muy saludable sentir placer. Desde luego que para disfrutar hay que prepararse, como para todo, recuerda que el ser humano nace incompleto y nace precisamente para completarse. Disfruta sin remordimiento, disfruta sin culpa, disfruta del silencio y los amaneceres, disfruta de la música que te gusta y de hacer lo que amas, disfruta de ser tú misma y de ampliar tus limites, disfruta de las sorpresas de la vida y de planificar sus días, disfruta de improvisar, disfruta de tu vida, tienes permiso para pasártelo bien siempre y cuando lo hagas con inteligencia.

23 ✳

Y si te estás preguntando qué es la inteligencia, descarta la definición del diccionario, descarta también lo que diga la gente, la inteligencia o las inteligencias sólo son válidas en la medida que nos permiten vivir bien, es decir, es inteligente quien es capaz de organizar su vida de tal manera que logra vivir como elige vivir, sin culpar a las adversidades, sin echar la culpa a nadie, sin complicarse ni ser infeliz. Ser inteligente en el tema de la vida, es básicamente saber tomar buenas decisiones y, por tanto, llegar al punto de ser feliz. Una vida bien vivida es un síntoma de estar usando la inteligencia, en verdad Wayrita, todos somos inteligentes, pero no todos usan esa capacidad para vivir bien. Recuerda que la ciencia ha demostrado que incluso la gente más inteligente, sólo usa una pequeña parte de toda su capacidad, entonces, que uno de tus objetivos sea usar cada vez más esa maravillosa capacidad.

24 ✳

Y si activas tu inteligencia sentirás la necesidad en muchos casos de ser rebelde, de convertirte en la oveja negra del rebaño, de nadar a contra corriente. De todo corazón te digo, hazlo, prefiero una hija rebelde a una conformista que no se atreve a nada. Siempre que se te presente una injusticia tienes, no sólo el derecho, sino el deber de decir no, de denunciar aquello, de oponerte, de discrepar. Nunca aceptes algo contra la voz de tu conciencia, nunca hagas algo que discrepas, aunque vayas a quedar mal por decir lo contrario al resto, pero es lo que te dice tu conciencia, prefiere eso, la voz de tu conciencia vale más que la opinión pública; quienes hacen o dicen lo mismo que los demás, sólo por no quedar mal en público, quedan mal ante su conciencia y eso es peor. Wayra, por favor, siempre y pase lo que pase, se tú misma, de esa manera lograrás una vida digna y un contexto de coherencia.

25 ✳

La coherencia que aludí en la carta anterior se refiere a la capacidad de pensar, sentir, hablar y actuar en la misma dirección, entonces somos más poderosos. De la vida coherente nace nuestra fuerza interior, nuestro poder. Wayra, ¿quieres ser una mujer con poder?, ¿que tu presencia hable incluso cuando no digas ninguna palabra?, ¿que la gente te respete y confíe en ti, que los demás te valoren y te vean como una referencia, como un buen ejemplo?, es posible si decides vivir de manera coherente. Por ello, piensa bien antes de hablar, ningún arrepentimiento arregla la palabra que hiere, reflexiona sin prisa antes de tomar una decisión, evalúa consecuencias antes de hacer algo, analiza los efectos colaterales antes de tomar un camino. La coherencia no es perfección, no se trata de no equivocarse, sino de vivir de tal manera que cada vez seamos más poderosos, más fuertes, más sensibles, más profundos, más humanos, que tu coherencia crezca y tu felicidad se multiplique.

26 ✳

También quiero hablarte de un tema bastante descuidado por los jóvenes, me refiero a la salud. ¿Sabes que sin salud nada tiene sentido? A veces he conocido personas con mucho dinero que vinieron a buscarme, me pedían que les ayudara a recuperar su salud, pero el descuido fue durante demasiado tiempo y la vitalidad se estaba agotando. ¿Sabes Wayra?, la salud es consecuencia de la manera como se vive, lo heredado es apenas una parte, el resto, es consecuencia de cómo administramos esa energía vital. Quienes en su juventud comen cualquier cosa, quienes consumen alcohol y drogas, quienes trasnochan y cometen diversos excesos, al principio no se darán cuenta que están minando el terreno que luego tendrán que caminar. Lo que se siembra en la juventud se cosecha cuando adultos, a veces antes, en plena juventud. Todo joven debe saber cómo evitar las enfermedades, cuida tu sistema inmunológico, unas buenas defensas evitan contagios lamentables; evita intoxicarte, come sano, realiza actividad física diaria, frecuenta la naturaleza y disfruta la vida, esa es la fórmula de la salud.

27 ✳

Para saber si estamos sanos no es suficiente que nada nos duela, las peores enfermedades no duelen, el cáncer, por ejemplo, cuando genera dolor u otros síntomas es porque ya está avanzado y en fase incurable. En la juventud, tenemos más vitalidad, pero esto podría ser engañoso, porque es precisamente durante la juventud cuando podemos estar sembrando graves enfermedades en nuestro cuerpo, que recién se manifestarán años después. Si quieres evitar tener problemas de salud, desde la edad que tienes ahora, tienes que saber cultivar tu salud. Observa tu cuerpo, identifica las cosas que te hacen mal, evita vicios y fundamentalmente sé feliz, la felicidad ayuda mucho a la salud, las personas felices se enferman menos y esto, porque las emociones influyen poderosamente sobre nuestras defensas, es decir, la gente infeliz se enferma más. Ahora que sabes que se puede evitar casi todas las enfermedades, recuerda que tu salud está en tus manos, que tu forma de vivir aumentará tu salud o atraerá enfermedades, tú eliges.

28 ✳

Mucha gente cree que las cosas que nos pasan en la vida es porque tenían que pasar, yo no creo en esto, no creo en el destino ni en la suerte. Creo que todo lo que nos ocurre, tiene que ver con las decisiones que tomamos, entonces lo importante es aprender a tomar buenas decisiones y dejar de culpar al destino por lo que nos pasa. ¿Quieres que te vaya bien en la vida?, eso es posible, pero tendrás que prepararte y de manera integral. Actualmente el mundo se podría dividir en rápidos y lentos, los rápidos son los que identifican oportunidades y las toman, los que no pierden tiempo, los que no desaprovechan ninguna oportunidad para aprender, para formarse, para mejorar; en cambio, los lentos pierden oportunidades y se quedan marginados. Para ingresar al mundo de los que triunfan, es bueno cultivar en uno los hábitos de la reflexión y la meditación, el observarse a uno mismo para conocerse y transformar todo lo que queremos cambiar en nosotros. Recuerda Wayra, tienes que conocerte a tal punto que sepas cómo cambiar lo que quieres cambiar en ti.

29 ✿

Te mencioné rápidamente el triunfar en la vida, este tema requiere que hablemos un poco más. Comencemos redefiniendo lo que significa triunfar; tú me conoces, provengo de una familia pobre, sin embargo, la pobreza no fue un obstáculo para terminar viviendo como soñé vivir, ser escritor y educador integral en todo el mundo, viajar a los lugares más sagrados y hermosos del planeta, escribir muchos libros. Triunfar para mí no es tener mucho dinero sino lograr vivir como uno sueña, ser feliz y tener la libertad financiera de hacer lo que uno quiere. Aquí entra el dinero, pero para mí el primer capital es el conocimiento, el segundo los contactos, y recién, en tercer lugar, el dinero como tal. Es posible triunfar en la vida, es fácil tener éxito si te preparas desde ahora, si tienes objetivos claros y la voluntad necesaria; triunfar es fácil, si comenzamos invirtiendo primero en nuestra formación, recuerda que la prosperidad comienza con el adquirir conocimiento para aprender a vivir bien.

30 ❀

Desde luego, para triunfar precisamos organizarnos y cuanto antes mejor. Ahora tú tienes veinte años, estás a tiempo de dar a tu vida un rumbo, la dirección que elijas. ¿Cómo te imaginas a ti dentro de unos años? ¿Qué cosa harías a pesar de tener mucho dinero? ¿Qué actividad realizas con más placer? Sé que pasaste cursos de orientación vocacional, sin embargo, lo que aquí importa es escucharnos, ver lo que realmente queremos hacer sin confundir el SER con el HACER; lo que tú eres tiene que ver con tu esencia, con eso que te define como lo que eres, una mujer, única y con una historia personal; el Hacer se refiere a las cosas que quieres hacer y con las cuales generarás los ingresos económicos para cubrir tus necesidades. El primero te da placer, disfrute, alegría, no hay dinero de por medio, sino consciencia, porque es algo interno, es la misión; la segunda es la profesión, es externa y puede cambiar con el paso del tiempo, recuérdalo. La profesión te dará el salario para sobrevivir; en cambio, la misión te dará el propósito y la evolución consciencial para vivir.

31 ❀

Es importante, Wayra, no confundir misión con profesión, la una te hace crecer y da sentido a tu vida, la otra te da dinero y puede cambiar. En esta sociedad se da mucha importancia al trabajo y ninguna a la misión, por eso anda tanta gente perdida, infeliz, deprimida, porque no llegó a comprender lo que es la vida. Es que no tiene sentido vivir para trabajar, el trabajo es importante, pero no es lo más importante, no vinimos para trabajar, el trabajo tiene que ocupar sólo una parte de nuestra vida, no toda la vida. Fíjate, la gente que sólo trabaja germina enfermedades y es infeliz, los humanos necesitamos hacer más cosas, tener tiempo para hacer lo que amamos, para crear, para disfrutar, para viajar y todo esto, durante la juventud, es más importante aún; por eso te pido, organiza tu vida, planifícala con inteligencia y creatividad, reserva mucho tiempo para formarte, también date tiempo para hacer lo que amas y cuando seas más grande, organiza tu vida para tener tiempo libre y hacer lo que amas, porque esto es más importante de lo que la gente imagina.

32 ❂

En la carta anterior te mencioné la importancia de planificar la vida, esto significa, en primer lugar, no perder la capacidad de soñar. Sueña Wayra, sueña mucho, no importa que te digan soñadora, no todos los sueños tienen que hacerse realidad, los sueños son la cantera de donde extraemos los objetivos que nos dicen hacia dónde encaminar nuestra vida. Una vez que tienes abundantes sueños, que planteaste tus objetivos, es fundamental que elijas los principios y valores que regularán tu vida. Principios como el respeto a la vida, la libertad, la solidaridad, la reciprocidad, dan calidad superior a nuestra existencia, elige los que se adecúen más a la forma de vivir que elegiste. Ya tienes sueños, objetivos, valores, a continuación, añade los medios, es decir, todo lo que tienes que hacer para lograr tus objetivos; y, finalmente, un cronograma, una distribución en el tiempo que te aclare qué hacer primero y qué después, es decir, lo que harás este año, este mes, esta semana, hoy. Finalmente, elige una manera de evaluarte para evitar autoengaños y evalúate periódicamente; semanal, mensual y anualmente.

33 ✳

Cuando un joven planifica su vida, la manera de vivir estará regulada por el plan elegido, por ejemplo temas como embarazos en la juventud no pueden, no deben ocurrir en una vida planificada. No es recomendable que una joven, antes de los 29 años, quede embarazada, los embarazos a temprana edad, interrumpen casi siempre la etapa formativa de las prematuras mamás. La sexualidad es bueno verla como algo natural, todos venimos de un acto sexual, es así como se perpetúa la vida, sin embargo, esto debe ocurrir en un contexto de amor y a la edad oportuna. La juventud temprana nunca será la edad recomendable para embarazos, en este sentido, es importante asesorarse bien, con gente madura y confiable; lo sexual siempre, en todos los tiempos y culturas, ha merecido una formación profunda que comience aprendiendo a ver el cuerpo como algo sagrado y al amor como la energía más poderosa. Mientras estés joven fórmate y disfruta, viaja y haz todo lo que amas, después será más difícil, la juventud es una época para explorar la vida en todas sus posibilidades, para disfrutar la aventura de vivir. Wayra, no permitas que nada te prive de la oportunidad de vivir tu libertad al máximo.

34 ✳

Todo joven debe estar bien informado en materia sexual, de manera que toda decisión tenga el fundamento de conocer el tema y la mejor manera de evitar problemas. Una joven inteligente como tú nunca tendrá problemas en materia sexual, pero de todas maneras, no dejes de estar atenta, en especial, cuando aparecen los consejos de algunas amistades. Hay amigos que nos sugieren cosas desde una envidia camuflada, desde un egoísmo disimulado, hay amistades sospechosas, no te vuelvas paranoica, pero permanece atenta, escucha a todos, pero que sólo te influyan los buenos consejos y enseñanzas que te ayuden a crecer. Quiero recordarte también, que errores en materia sexual en estos tiempos, pueden tener consecuencias terribles como el SIDA, esa enfermedad que ha matado a millones de personas, que no tiene solución pero que se puede evitar con buenas decisiones.

35 ✳

Por supuesto, no se trata de tener miedo; vivir con miedo, es no vivir. Wayra te quiero libre de todo temor, porque los miedos no son necesarios; son pocos y sin mucha intensidad tienen relación con el instinto de conservación, de esos, no te preocupes. Puedes tener algunos miedos menores que te advertirán del peligro, sin embargo, hay otros miedos que deben ser descartados definitivamente; el miedo al fracaso, el miedo al triunfo, el miedo a los cambios, el miedo a la libertad, el miedo a la soledad, el miedo al dinero, el miedo a la pobreza, el miedo a la muerte, el miedo al fin del mundo, el miedo a hablar en público, el miedo al que dirán de los demás, el miedo a ser honesto, el miedo a enfermarse, etc., porque la lista podría ser muy larga; estos miedos son sólo obstáculos en el camino del crecimiento y debes enfrenarlos y superarlos. Algunos con una reflexión sobre los mismos van perdiendo fuerza, otros al enfrenarlos descubrimos que son simples tigres de papel, a veces preguntarse es suficiente, por ejemplo, ¿qué es lo peor que me puede pasar? Qué agradable es darse cuenta que en realidad no nos pasará nada malo, que lo malo es tener miedo.

36 ✳

Quiero referirme también a un tema que caracteriza la etapa en la que te encuentras, el amor o más concretamente, ese proceso fugaz llamado enamoramiento. Fíjate, Wayra, cómo cuántos jóvenes en este proceso se complican, sufren, incluso viven experiencias innecesarias como embarazos accidentales que nunca deberían ocurrir en la juventud, a no ser que uno sea masoquista. El amor es la energía más poderosa, pero el enamoramiento no es necesariamente amor, es más una emoción fugaz, totalmente temporal y sin mucho criterio de realidad; es decir, una persona se enamora de una imagen idealizada, de algo que en realidad no existe, hasta ahí no hay nada de malo, sin embargo, los problemas aparecen cuando durante el proceso del enamoramiento tomamos decisiones o realizamos acciones que repercutirán toda la vida. Puedes enamorarte, si no olvidas que eso es momentáneo, una experiencia que puede ser vivida con responsabilidad y toda la pasión que quieras, empero, recuerda siempre, lo que sientas cuando estés enamorada, después y muy pronto se te pasará, vive esa experiencia como algo temporal y, si te animas, podrías proponer a tu novio de turno, una relación que dure sólo un mes y si ambos consideran recomendable, renovarlo al cumplirse el mes, pero si uno de los dos ya no está de acuerdo, naturalmente disolver esa conexión.

37 ✳

En la carta anterior te propuse no confundir amar con enamorarse, se parecen pero son procesos distintos, el amor podría venir después que el enamoramiento ha pasado, no siempre es así, pero tampoco puede descartarse esa posibilidad. Amar requiere más madurez y cuando se es muy joven, generalmente sólo hay la capacidad de enamoramiento, lo cual, es parte del proceso formativo; pero, por favor, durante el noviazgo vía enamoramiento no te tomes las cosas como si fueran para toda la vida, nada durante la temprana juventud es para toda la vida, son sólo experiencias. Primero, antes de aprender a vivir, necesitas conocerte y enamorarse en una forma de conocerse, conocer la vida y a los demás, por ello, insisto tanto en el carácter temporal de esa experiencia. Ninguna joven a tu edad, debe asumir compromisos que involucren toda la vida, porque ser joven, recuérdalo Wayra, es formación, experiencia, exploración de la vida, viajes y todo eso, es imposible cuando uno establece una relación formal de pareja, situación que para mucha gente podría ser una buena experiencia, pero mucho más adelante. Te quiero libre, explorando la vida en sus distintas posibilidades y fundamentalmente disfrutando de tu etapa formativa, porque educarse también puede ser un placer.

38 ✞

Quiero que tu vida la decidas tú, creo que los papás son sólo asesores, consejeros y ejemplo, ojalá no un mal ejemplo; quiero que aprendas a tomar buenas decisiones, porque en la vida, se puede llegar muy lejos, volar muy alto, pero hace falta formarse y saber elegir. Pero antes de hablarte de eso, quiero referirme, siguiendo la línea de las últimas cartas, quiero decirte que la cantidad creciente de divorcios que existe actualmente en todo el mundo tiene que ver con que, en esta sociedad, en esta época, no hay escuelas para aprender a vivir y al interior de esa carencia no se enseña a la gente a amar, a ser felices; no hay escuelas para aprender a ser libres, nadie enseña a las nuevas generaciones a comunicarse, a escuchar, a ponerse en el lugar del otro, a renunciar, a perdonar, a ser creativos, a manejar la energía sexual, a gobernar las emociones.

La vida es como un auto muy potente y veloz que nos entregan un día y luego nos dicen: "usted ya es mayor de edad, maneje el auto"; pero nunca nos enseñan cómo, por eso nos va mal, por eso la gente que dice amar, en cuanto se acaba el breve enamoramiento, comienza a tener problemas de convivencia que desembocan en la separación. Están tan mal educados, que ni siquiera saben separarse armónicamente y un día de amarse pasan a odiarse. Wayra, aprende de los errores ajenos, por favor.

39 ❀

Sin embargo, el amor no debe ser confinado al ámbito conyugal exclusivamente, hay muchas formas de amar que no implican una relación de pareja, el amor puede ocurrir entre dos personas que no están juntas ni se proponen compartir sus vidas, el amor es una conexión que incluye un sentimiento incondicional, una confianza creciente, un mutuo apoyo, en especial en circunstancias difíciles y de manera especial para apoyar el crecimiento del otro. Sin embargo, antes de amar uno tiene que ser feliz, porque no es el amor lo que genera la felicidad, sino la felicidad la que posibilita el amor. Amar, Wayra, es la mejor manera de vivir, amar es maravilloso y terapéutico, amar es una manera de conocerse y conocer al otro. Recuerda, el amor está reservado para la gente que está mínimamente madura, porque amar sin madurez, es decir, sin conocerse y manejar las emociones, podría degenerar en posesividad alimentada por miedos, celos basados en inseguridad, agresividad originada en la inmadurez de uno de ellos, nada de eso es recomendable. Amar es algo que también se tiene que aprender y cuanto antes mejor.

40 ❀

Si me preguntas como aprendemos a amar, mi respuesta es aprendiendo a vivir. Sé que no hay escuelas para este aprendizaje, entonces corresponde a cada joven buscar vía autoformación lo que le falta aprender. Te sugiero Wayra, organizar tu tiempo para leer libros que te inspiren, que te den buenos ejemplos, algunas biografías de mujeres y hombres celebres pueden ser un buen referente, fíjate cómo algunos de ellos tuvieron que pasar las pruebas más duras, las experiencias más fuertes y nunca se dieron por vencidos. Así te visualizo a ti, porque en la vida es una ingenuidad esperar que todo siempre salga bien, muchas cosas no están en nuestras manos y tenemos que estar preparados para todo. Además de buenos libros, intenta acercarte a personas con sabiduría, gente realizada, personas que admiras por su calidad existencial, mujeres que han logrado alcanzar la cima de sus subjetivos, todo eso irá otorgándote las herramientas para trabajar en ti esa materia prima que cada uno tiene. No es necesario imitar sino recibir buenas influencias hasta crear nuestro propio estilo de ser y vivir.

41 ⊛

Cuando ames, ama sin apego ni dependencia, puedes apasionarte con tal de no generar dependencia, es hermoso amar sin sacrificar la libertad. Diferencia amar de enamorarse, reflexiona sin prisa, recuerda Wayra, el tiempo es un buen consejero, algunas cosas se aclaran sin hacer nada más que dejar pasar el tiempo, un poco de tiempo de la mano de momentos reflexivos. Genera el hábito de la reflexión, piensa y repiénsate, eso es imprescindible durante la juventud, de esa manera podrás caminar por la vida con más lucidez, con mayor capacidad de discernir y tomar buenas decisiones. Amar es invitar al otro a volar, es proponerle crecer juntos, pero cada uno a su manera; amar es comprometerse a respetar la libertad del otro, amar es mirar en la misma dirección pero cada uno con sus propios ojos. Wayra, no te prives de amar, pero recuerda, todo tiene su tiempo y lo que hacemos, por muy pequeño que sea, debe ser parte de nuestro camino de autoconocimiento, en el cual estamos conociéndonos y creciendo, recuérdalo.

42 ✳

Y si decidiste amar, debes observarte más que nunca sin olvidar que el amor se apellida incondicional, Amor con otras características, no es amor; cuidado Wayra, que muchas cosas circulan en nombre del amor, que luego se traducen en lamentables errores y fuentes de sufrimiento, incluso el crimen pasional ocurre en un contexto de supuesto amor. Si decides vivir la etapa del enamoramiento, recuerda que es una experiencia por tiempo limitado, en la cual podrás conocerte más y por supuesto madurar, si manejas bien la relación. Todo esto significa que tienes que prepararte para el final, esa separación que tantas parejas la sufren con ganas, eso es evitable, separarse del novio, concluir una relación durante la temprana juventud, es totalmente normal, natural e incluso recomendable. Imagínate que tu novio se enamoró de otra chica, eso no es el fin del mundo, es otra experiencia a la que él estuvo predispuesto, adelante, no pasa nada, la vida continua también para ti. Desde ahora que esté claro Wayra, que una separación también puede disfrutarse o planificarse y que es parte de esta vida donde todo se acaba, incluso la vida misma.

43 ✳

La separación es algo que preocupa mucho a algunos jóvenes y, sin embargo, es bueno que desde ahora sepas que es algo natural, lo raro, lo extraño, lo complicado, es cuando una pareja de jóvenes, muy jóvenes, comienzan a hacer planes para toda la vida, eso casi siempre termina mal, porque uno, durante la temprana juventud y hasta antes de los 25 años, no tiene la experiencia necesaria para tomar decisiones para toda la vida. La vida es una escuela en la que se aprende a vivir viviendo y formándose para ello y esto requiere tiempo. Cuando ya tenemos madurez, la separación no es un problema, es un diálogo, un acuerdo que concluye, un acuerdo que inaugura una amistad hermosa, donde sigue el afecto pero de otra manera. Nunca entendí a las exparejas que se odian al concluir una relación afectiva, cuando hasta hace poco se amaban, sólo cambia la forma, el sentimiento de afecto continúa pero bajo otras características. Separarse de alguien puede ser también una fiesta, diferente pero fiesta, porque perdemos un novio, pero podríamos ganar un amigo.

44 ✵

Wayra, es importante que desde joven te habitúes a ser observadora, quien desarrolla este hábito aprende más rápido y mejor; observa afuera, observa todo lo que pasa y observa también adentro, lo que se mueve dentro tuyo, obsérvate cuando estás feliz y cuando estás triste, cuando recibes un halago y también cuando estás en un problema. Observarse nos permite conocerse y esto es un requisito para transformarse, porque no se trata de conocerse para ampliar la cultura general sino para trabajar en uno, recuerda que no nacemos humanos, no nacemos completos y la formación viene precisamente a completarnos. Quienes no hacen esto, quienes se pasan la vida observando sólo afuera, podrán en el mejor de los casos llegar a tener muchas cosas, saber y manejar información externa, pero serán unos desconocidos para sí mismos. Se una buena observadora, no es necesario que digas todo lo que ves, pero observa todo. Si observas y reflexionas, tendrás ventaja sobre los demás a la hora de tomar decisiones, recuerda que la vida se vive por instantes y que cada momento es para siempre, es decir, perder un instante es perderlo para toda la vida, porque el tiempo no regresa.

45 ✳

Vivir es elegir, esto significa que en la vida de un joven, una de las cosas más importantes es aprender a tomar buenas decisiones. Una mala decisión inicia el camino de las drogas, por ejemplo; cuántos jóvenes incluso brillantes, en un momento de descuido o mala influencia decidieron probar algo que no necesitamos probar, por los riesgos que ello implica y no pudieron salir más de las cadenas de la adicción. Si vivir es elegir, Wayra, elige buenas amistades, ya que en la juventud es inevitable ser influenciables, elige manejar bien tu tiempo, invierte en formación y aprovecha tu juventud para formarte integralmente de acuerdo con los objetivos que tengas en tu vida; elige tener prioridades adecuadas, elige valores superiores, elige cómo quieres ser, cómo deseas vivir, elige hacer cosas que te den no sólo dinero sino felicidad, crecimiento y servicio a la humanidad si así lo sientes; elige cómo quieres ser y cuando esto elijas, que no importe la opinión de los demás, eres tú quien tiene que quedar satisfecha. Vivir es elegir, recuérdalo siempre, es posible que algunas veces te equivoques, empero, intenta hacerlo cada vez mejor y si te caes un día, levántate y sigue adelante, lo peor de la vida no es equivocarse sino permanecer en el error y no aprender de él.

46 ✻

Quiero recordarte algunas malas decisiones que han tomado muchos jóvenes y que consecuencia de ello su vida se convirtió en un infierno, algunos murieron prematuramente como consecuencia de una mala decisión. Fíjate Wayra, lo importante que es tomar una buena decisión, aprender a decidir con lucidez y serenidad, evitando reacciones e impulsos que pertenecen más al mundo animal, donde ellos sólo pueden estar al ataque o a la defensiva. Pero los humanos somos inteligencia, capacidad de reflexión y de evaluación. Cuando analices algo, asegúrate de estar serena, si no estás así, posterga cualquier decisión y haz otra cosa, mejor algo que te agrada, actuará como un tranquilizante natural. Fue una mala decisión emborracharse y luego manejar el auto, esos jóvenes terminaron en el cementerio, fue una mala decisión hacer algo sin analizar las consecuencias, es una mala decisión decir sí, sin pensar o permanecer en silencio cuando correspondía un NO. Tu vida Wayra, depende de las decisiones que tomas, entonces nunca decidas muy rápido, sé lenta para decidir y rápida para actuar una vez que ya decidiste, porque el tiempo no espera, pero tómate todo con calma antes de decidir, porque en cada decisión te juegas toda tu vida.

47 ✳

Qué te parece, en algunos idiomas indígenas la palabra difícil no existe, entonces nada es difícil. Tampoco existe la palabra problema, entonces tampoco hay problemas. Wayra, analicemos por un momento lo que significa un problema, ¿no te parece que esto es sólo una palabra?, ¿que en la realidad las cosas se dan con dinámica propia? Tú sabes, no todo está en nuestras manos, no todas las cosas salen como queremos, eso es parte del juego de la vida. Es inmensamente ingenuo pensar que todo tiene que salir exactamente como queremos, eso nunca ha ocurrido ni es necesario que pase. Desde este nuevo punto de vista, los problemas son simplemente lecturas erróneas de la vida y sus circunstancias. Que desde ahora sepas que en la vida pasa de todo, planifica tus cosas con objetivos claros y pon toda tu energía, tu creatividad, tu voluntad y amor para lograr los mejores objetivos y si a pesar de todo la situación sale mal, no pasa nada, acepta el resultado adverso, aprende lo que corresponda y sigue adelante, lo grave no es que las cosas salgan distintas a las anheladas, sino el desanimarse. Mientras no te desanimes, mientras no te des por vencida, un problema o un fracaso es sólo una lección diferente, recuérdalo, incluso si quieres, podrías fortalecerte con ellos.

48 ❖

Otro aspecto importante que con frecuencia se descuida en la juventud es la salud. Sin salud nada tiene sentido y, sin embargo, hay jóvenes que cuidan más su moto, su auto que su cuerpo. Todo joven debe saber cómo mantener su salud, así como sabe del mantenimiento de su auto, todo joven debe ser experto en conocer su cuerpo y evitar enfermedades, más aún en la juventud donde existe tanta vitalidad y energía. Cuidar la salud y evitar las enfermedades es posible, es más, resulta fácil si convertimos a nuestro estilo de vida en generador de salud. Esto significa disfrutar la vida sin descuidar la salud, eso es más inteligente. Un joven puede escalar montañas, hacer cualquier deporte, acampar en los bosques, participar de extensas caminatas, bucear y disfrutar de la belleza submarina; un joven sano puede hacer tantas cosas prohibidas para quienes perdieron su salud, por ello, desde la juventud tiene que quedarte claro Wayra, que para disfrutar la vida en toda su amplitud e intensidad, es preciso estar sanos y ello se consigue con buenas decisiones que involucren la parte mental, emocional, física y el propio sistema de creencias que tienes. Estar sanos es sin duda la mejor inversión.

49 ❖

Este tiempo y este modelo de sociedad, sin embargo, nos presenta también algunas equivocaciones en el otro extremo, me refiero a las jóvenes que se obsesionan con su cuerpo y lo someten a extenuantes dietas para mantener la figura que la moda impone. De esa manera aparecen patologías como la bulimia y la anorexia, extremos innecesarios en nombre de un culto a la apariencia que amenazan la salud y la misma vida. Al respecto Wayra, quiero decirte que sin descuidar la apariencia, lo más importante es lo que se tiene dentro, ahí nace la verdadera belleza, en una personalidad agradable, en un comportamiento sereno, amoroso, en una cultura personal que consta de una filosofía traducida en una forma de vida. Importa menos cuánto mide tu cintura, cuando lo que importa es el tamaño de tu consciencia y tu capacidad de interactuar con los demás desde una honesta inocencia y una lúcida capacidad de relacionarte sin herir a nadie y, simultáneamente, sin recibir influencias negativas. Cuida tu salud, cuida tu apariencia sin obsesionarte, cuida tu consciencia y tu lucidez, cuida tus sueños y tu voluntad, cuida tu manera de comunicarte con los demás y, por sobre todas las cosas, cuida que nada interrumpa tu felicidad. Si organizas tu vida de esta manera, no será necesario ningún extremo y tú te sentirás bien contigo y los demás también y terminarás siendo un ejemplo inspirador para los demás.

50 ✦

Cuando hablamos de planificar la vida, básicamente me refiero a tener claros los objetivos que rigen nuestros días y, al interior de ello, me refiero a tener totalmente claro lo que es más importante para ti, tus prioridades. Wayra, si tuvieras que dejar casi todo, ¿qué conservarías para ti? Imagínate que por cualquier motivo tuvieras que salir y mudarte a otro país y sólo te permitieran llevar tres o cuatro cosas, ¿qué llevarías contigo? Vivir es elegir, ya lo sabes, entonces comienza a elegir lo que quieres para tu vida en función de tus objetivos y en coherencia con tus principios y valores. En este sentido te sugiero que elijas tus prioridades y tomando en cuenta esto y todo lo anterior que te comenté cuando hablamos de la planificación de la vida; organízate, asegúrate que primero siempre sea lo primero. En mi caso, mis prioridades son mi crecimiento consciencial, el ser cada vez mejor persona, mi felicidad, mi libertad, el hacer realidad mis sueños, el vivir solidariamente, por eso vivo viajando, ayudando a la gente, eso me hace feliz. Un día, cuando tenía 17 años, escuché una conferencia de un científico canadiense que me recordó la importancia de la naturaleza, desde entonces, comencé a buscar a la Madre Tierra y la enseñanza era la misma que el abuelo indígena me enseñaba. Entonces comprendí que los indígenas fueron los primeros ecologistas y la urgencia de cuidar el único planeta que tenemos para vivir.

51 ✳

Y en cuanto tengas principios, sueños, objetivos, prioridades bien definidos, el resto básicamente consiste en disfrutar la vida con la responsabilidad de quien sabe lo que tiene que hacer y también lo que no necesita en su vida. Alguien de tu edad, Wayra, no necesita miedos ni estrés, no necesita perder tiempo, al contrario, es importante recordar que el tiempo es un capital y debemos invertirlo en formación, en crecimiento y conocimiento que luego, más adelante, nos dará frutos que multiplicaran nuestra felicidad. No necesitas ninguna adicción porque te declaraste libre, tampoco es necesario en tu vida el consumismo, que es un estilo de vida que desperdicia nuestra energía y nos ata a un materialismo donde las cosas son más importantes que las personas. Y no necesitas complicarte ni sufrir. Si te estas preguntando qué hacer cuando algo sale mal, puedes aprender de ello, puedes hacerte fuerte, puedes descubrir cosas en ti que no conocías y para todo eso, no necesitas ponerte mal. Vivir tiene que parecerse más a un río fluyendo entre las piedras, sin complicarse con ninguna ni maldecirlas por estar en tu camino.

52 ✳

Fluir es el arte de no complicarse, es esa capacidad de ver la vida como una escuela donde todo lo que pasa puede ser una enseñanza y un motivo para agradecer y disfrutar. Fluir es darse cuenta que la vida en realidad podría ser una fiesta, una maravillosa posibilidad de ir conociéndonos y liberando el potencial que tenemos dentro. ¿Sabías Wayra, que en realidad somos seres poderosos? ¿Que tenemos una gran capacidad interior y que sólo usamos una pequeña parte? ¿Te animas a usar cada vez más esa capacidad que tienes, activar tu poder y poco a poco darte cuenta que puedes hacer casi todo?, sólo necesitas atreverte, confiar en ti y formarte, nada más. Las personas que han hecho cosas extraordinarias, quienes han logrado hasta lo imposible, empezaron así, como tú, sin experiencia, a veces, dudando de sí mismos, cometiendo algunos errores y poco a poco, fueron conociéndose y descubriendo su poder. Sólo necesitas admitir esta posibilidad y destinar parte de tu tiempo y tu energía a formarte, a meditar y reflexionar, a observarte y conocerte, a remodelarte, a crecer y ser como tú quieres. En ese itinerario saldrá tu fuerza y tus ganas de vivir se intensificarán y comprenderás que la vida en verdad es mucho más de lo que te dijeron en la escuela. El resto Wayra, es vivir con la intensidad existencial de quien sabe que esta vida, así como la estamos viviendo, no se repetirá más.

53 ✴

No olvides nunca que ser feliz no es ausencia de problemas. Nunca te dije que cuando te formes y transformes desaparecerán los problemas, incluso en algunos casos se incrementarán, pero la diferencia está en que tú tendrás la fuerza, la capacidad, la creatividad, la lucidez, el conocimiento y la voluntad para resolverlos y para que la presencia de alguno de ellos no te perturbe. Los problemas quizá sean los mismos, pero la manera de interpretarlos, la forma de resolverlos, será totalmente distinta, eso es lo que importa, porque de esa manera tu felicidad permanecerá intacta. Entonces, Wayra, no se trata de lograr la perfección ni habitar un paraíso, se trata de que tú tengas la capacidad de estar bien, creciendo y disfrutando, pase lo que pase. Es probable que el mundo después de tu transformación continúe como estaba, pero tú dejarás de ser una parte DEL PROBLEMA, DE LA OSCURIDAD, DE LA IGNORANCIA, para convertirte en una luciérnaga, que va aportando su luz, porque cada persona feliz es un infeliz menos, cada vez que un joven más decide hacerse cargo de su vida y prepararse integralmente, evoluciona toda la humanidad.

54 ✤

Alguna vez me preguntaste cómo me imagino un mundo nuevo. Es urgente un mundo más justo, hay demasiada injusticia fabricando sufrimientos innecesarios, hay demasiadas armas en un mundo que precisa esos recursos para resolver problemas como la pobreza, hay demasiado derroche en un mundo que tiene mil millones de pobres, hay demasiada contaminación en un mundo frágil donde todos necesitamos aire para vivir y agua para que funcione nuestro cuerpo. Me imagino un mundo más humano, más ecológico, más armónico, me imagino una sociedad donde no sean necesarias las cárceles ni los manicomios, los policías y los militares y, en vez de ellos, que inauguremos escuelas para aprender a vivir, donde desde niños se nos enseñe todo lo que debemos saber para vivir bien. Me imagino bosques sin depredadores y mares sin contaminación, me imagino pequeñas ciudades descentralizadas y autogestionadas, donde todos trabajen y estudien cerca de donde viven, me imagino gente feliz con sus necesidades básicas cubiertas y con tiempo para hacer lo que aman y, en especial, con tiempo para vivir. ¿Te animas Wayra, a ayudarme a construir ese mundo nuevo comenzando con tu propia transformación?

55 ❁

Sin embargo, las cosas están como están, empero nada de eso debe desanimarte. El mundo evolucionó porque algunas personas no se conformaron con lo que ya tenían y en vez de adaptarse se rebelaron. El humano se puede adaptar a cualquier cosa, incluso a lo que le hace daño. Te dije antes la importancia de observarse, de conocerse, ahora te digo, es fundamental aprender a ser crítico, a decir NO a lo que no tiene sentido, es importante dudar y con frecuencia reflexionar y analizar las cosas que vemos, lo que escuchas y lees, en principio, no lo aceptes como una verdad, analízalo. Ser críticos nos vacuna contra el conformismo y la resignación y nos autoriza para dudar, para preguntarnos, para buscar comprender las cosas y para darnos cuenta que con frecuencia las apariencias engañan, que las cosas no necesariamente son lo que parecen. De esta manera aprenderás a aprender, a rebelarte, a dudar y preguntar, a ser crítica, entonces dejarás de ser manipulable y podrás tomar mejores decisiones en la vida. Te quiero crítica y valiente, es decir, con el valor de rechazar todo lo que no tiene sentido, lo que te perjudica o lo que hace daño a la madre tierra y que no te importe si con ello TE lleguen críticas, ya sabes, tu consciencia es la máxima autoridad.

56 ❀

La vida es una secuencia de sorpresas e imprevistos, eso debes saberlo desde ahora Wayra, las cosas no siempre salen como queremos pero eso es lo interesante de la vida, tenemos que estar preparados para todo. Prepárate Wayra, prepárate para que uno de tus planes no se cumpla, prepárate para que una amiga cercana te dé la espalda, prepárate para la envidia, para la hipocresía y cuando te digo preparación, me refiero a que sepas de antemano que eso puede ocurrir, que nadie ni nada puede garantizar que aquello tan desagradable no se dé. Por supuesto que la preparación no es volverse cómplice o hacer lo mismo sino tener la flexibilidad para que eso no nos afecte, la comprensión para que ello no te haga sufrir, el sentido del humor y estado anímico para que eso no te desanime, en definitiva, aceptar que en la vida nada es seguro, excepto la muerte. Cuando comprendes esto y te preparas para ello, tus niveles de éxito, de logro de tus objetivos aumentará, porque tu estarás más serena, ya no te preocupará que esa persona que amas un día cualquiera se vaya de tu lado, podrás vivir el presente intensamente y si un día se fue, continuarás disfrutando la vida, porque pase lo que pase, todo continúa.

57 ❀

Entonces Wayra, lo más importante en la vida no es tener mucho dinero, ser famoso, ni siquiera acumular mucha información, sino tener la actitud adecuada ante una vida que es movimiento y transformación permanente y eso significa flexibilidad, basado en otra forma de ver la vida. En la sociedad nos enseñan a aferrarnos a las cosas, a temer al fracaso, a cuidarse de todo y todos al punto de no disfrutar la vida. En este sentido te sugiero haz lo mejor que puedas, que lo que esté en tus manos tenga la garantía de tu eficiencia y eficacia, que lo que dependa de ti esté bien hecho y que tú puedas disfrutar en el proceso; sin embargo, nunca olvides que no todo está en tus manos y, a veces, por mucho que te esfuerces, las cosas no saldrán bien, en ese caso, acepta los resultados sin desmotivarte, aprende de lo ocurrido y sigue adelante. La vida para un joven tiene que ser una aventura lúcida, responsable, pero aventura que incluya mucho aprendizaje, por ello, mantén tu curiosidad y conserva esa capacidad de sorprenderte, de disfrutar, de vivir la vida con toda su intensidad, entonces habrás aprendido a vivir y eso es lo más importante en la vida.

58 ❂

No esperes Wayra, que los demás te motiven o que todo salga bien, ya sabes, la vida tiene su dinámica propia y no sólo cuenta la buena intensión. Muchas personas buenas y bien intencionadas terminaron frustradas y destruidas porque no aprendieron a tiempo las lecciones de la vida. En verdad Wayra, la vida es indiferente con uno, si quieres puedes tener alguna creencia que te reconforte, pero lo más importante es tener la capacidad de automotivarse, porque sin motivación somos como un auto sin gasolina, es decir, estamos incapacitados para ser y hacer, es decir, para vivir. Conozco muchos muertos caminando por las calles, gente que perdió la capacidad de soñar, jóvenes desmotivados y sin ganas de vivir, personas con el alma muerta mientras se enferma el cuerpo por tanta infelicidad. Prepárate para ir por la vida con las ideas claras, pero sabiendo que todo será como tú quieres, entonces, si ocurre algo desagradable, admite que es parte de la vida y que todo debe continuar, haz como el torero cuando viene el furioso toro, lo esquiva, no se enfrenta a él, porque sabe que el toro tiene más fuerza. Tienes que saber cuándo avanzar, cuándo detenerte, cuándo retroceder un poco, sólo para tomar impulso, así como cuándo dejar de luchar porque ese no era tu lugar, porque estabas en una trinchera equivocada. Wayra, tienes que saber rectificar a tiempo y, fundamentalmente, auto motivarte cuando las cosas salen mal, porque si tú continúas motivada, habrás triunfado aunque las cosas RESULTEN diferentes a lo planeado.

59 ✳

Seamos claros, la vida es un movimiento indetenible, fíjate hay gente que se cree muy importante y cuando se muere, no pasa nada. La vida tiene una característica única, es que pase lo que pase, ella continúa, por lo menos eso ha ocurrido hasta ahora, quizá mientras el HUMANO irresponsable no anule la capacidad de nuestro planeta de mantener vida en su seno. Y si la vida es una secuencia de sorpresas, de problemas, es obligatorio que todo joven se prepare para ser creativo; la creatividad es esa habilidad que se desarrolla, que se aprende y mejora, que se traduce en la capacidad de ver las cosas desde diferentes puntos de vista, de combinar la materia prima de que está hecha la solución de distinta forma. Ser creativo es desarrollar la capacidad de ver soluciones donde los demás ven un problema, es un desafío para nuestra inteligencia; Wayra, acepta esos desafíos, libera tu imaginación y descubrirás que todo puede ser resuelto de distintas maneras, que no hay caminos únicos, que en la vida todo se puede hacer de una manera o de otra, o de otras y así hasta el infinito, eso demuestra la evolución de la vida en la Tierra; después de salir de las cavernas donde vivían nuestros antepasados, todo lo que hizo el humano fue para solucionar los problemas de cada día y mira hasta donde llegamos.

60 ✳

Es cierto, la persona creativa no tiene problemas, tiene desafíos y oportunidades para disfrutar la vida, para hacer cosas y seguir aprendiendo. La gente creativa tiene no sólo una solución para cada problema sino varias soluciones para un problema, entonces su vida es una secuencia de felicidad y de placer, porque se distrae y disfruta con todo lo que le pasa, en especial con aquello que a otros está generando preocupación y sufrimiento. ¿Sabes que la gente fue entrenada para sufrir? ¿Sabes que en realidad la felicidad es nuestra forma natural de vivir y que nos entrenan para que seamos infelices y que por ello la mayoría de la gente actualmente es infeliz? Te pido Wayra, rompe con esa programación y atrévete a disfrutar la vida. En verdad yo creo que ser infeliz es pecado, que nadie tiene derecho a sufrir porque tenemos el deber de ser felices, porque sólo cuando somos felices comprendemos la vida y sus misterios. Quienes están mal se pasarán toda la vida intentando solucionar sus problemas y eso no es vida, la vida es para disfrutar mientras uno aprende y crece, por qué vivir mal, si podemos vivir bien..., ¿no crees?

61 ✦

Entonces conviértete en una aprendiz de la vida, es decir, en una persona que aprende con todo lo que le pasa, eso es genial, no necesitarás quejarte y la programación para el sufrimiento no podrá contigo, porque si aprendes de un problema no fue un problema, fue una enseñanza; si aprendes de una situación adversa, de eso que hace sufrir a tanta gente, para ti habrá sido simplemente una lección; si aprendes de los errores ajenos te evitarás tanto sufrimiento y esfuerzo, si aprendes incluso de los malos momentos, no serán tan malos por la enseñanza que te dejaron. Eso es aprender a aprender, eso es convertirse en aprendiz de la escuela de la vida, entonces tu crecimiento será indetenible; recuerda Wayra, que la vida es un viaje de aprendizaje que no termina nunca. De esa manera también te habrás graduado en la escuela invisible del disfrute, porque si aprendes de todo lo que te pasa terminarás disfrutando de todo lo ocurrido, creciendo con ello y eso realmente es un placer inmenso. Disfruta tu vida Wayra, es lo único que tienes y si lo planteas bien, podrá ser realmente espectacular y como tú lo sueñas. No sabemos lo que nos espera después, pero si sabemos que ahora estamos vivos y que esta vida, así como ahora, no se repetirá; entonces, a vivir con la intensidad de quienes saben que esto será por última vez.

62 ✧

Hay una tendencia generalizada en esta sociedad a enfatizar demasiado en el individualismo, como si lo único que importara fuera uno mismo, eso, desde mi punto de vista, es un error y parte de la causa por la que el mundo está como está. El ser humano no sirve aislado, nuestra formación y el proceso de humanización ocurre en la interrelación con los demás, necesitamos de los otros para aprender de ellos, para amarlos, para que nos critiquen, necesitamos de la interrelación con los demás porque en ese proceso vamos descubriéndonos y vamos comprendiendo la vida. Un joven aislado nunca sabrá si sabe amar, si puede autogobernarse, si es solidario, una persona aislada podrá imaginarse buena gente pero recién podremos conocerla cuando interactúe con los demás. Wayra, aprende de los que te puedan enseñar algo, de palabra o con su actitud, ayuda a quien necesite ayuda, recuerda que la solidaridad es una de las mejores maneras de vivir. El mundo está infectado de egoísmo y sólo sobrevivirá la humanidad cuando la mayoría de personas piense no sólo en sí mismo. Wayra te quiero solidaria y sin miedo de compartir lo que tengas para dar.

63 ☆

Y cuando me referí a la supervivencia quise decir que las cosas en el mundo no están bien, los estilos de vida actuales y los modelos de desarrollo fomentan el derroche y la contaminación, es decir, se destruye el cuerpo con la misma intensidad con la que se destruye el planeta a pesar que es el único que tenemos. Esto, Wayra todo joven tiene que saberlo, porque cuando hablamos del futuro estamos refiriéndonos al tiempo que los jóvenes habitarán, ¿te das cuenta?, el futuro es precisamente cuando los jóvenes de hoy comiencen a cosechar lo que sembraron desde la infancia y, precisamente, cuando todo esté empezando para los jóvenes, ya como personas independientes y viviendo su propia vida, es cuando el mundo comenzara a colapsar y el barco planetario, a manera del Titanic, empezará a hundirse, pero esta vez, no por haber chocado con algo externo sino como consecuencia de la actitud irresponsable de sus propios tripulantes de ponerse a romper el barco desde dentro. Hablar del futuro es hablar de los jóvenes y de los niños, es decir, es darse cuenta que desde ahora, tenemos que preparar al mundo para que el futuro sea posible y ello sólo ocurrirá si desde ahora comenzamos a cambiar las formas de vivir y los modelos de desarrollo y empezamos a vivir más ecológicamente.

64 ✪

Sin embargo, hablar de los jóvenes no significa solamente referirse al futuro, los jóvenes incluso los muy jóvenes también tienen un pasado, determinadas experiencias y algunos errores. Es importante que podamos ver todo esto con naturalidad, que nuestros errores sean reciclados y convertidos en aprendizaje. Nunca estaremos orgullosos de habernos equivocado pero tampoco nos llenaremos de culpa ni remordimiento, lo que pasó, ya pasó, el aprendizaje, bienvenido, el resto, al olvido, la vida continúa; Wayra, nunca transportes ningún arrepentimiento, si detectas en algún momento que tomaste una mala decisión, corrígela cuanto antes, aprende lo que tengas que aprender y sigue adelante, porque el tiempo no espera y la vida sigue. El futuro es probable que ocurra pero no es seguro, prepárate para el futuro pero no descuides el presente que es lo único real. El pasado ya pasó, luego de extraer la enseñanza, descártalo, vivir atrapados en el pasado equivale a guardar todo lo que echamos al inodoro en maletas que llevamos con nosotros a todas partes, como verás, eso resulta altamente antihigiénico. Vive el presente, es lo único real, vive intensamente el presente, aquí donde se manifiesta la vida, vive sin temores ni arrepentimientos, porque la vida sólo ocurre en el presente y este es el único tiempo que tienes que aprender a habitar con lucidez.

65 ✭

Cuando observo a la juventud actual, me quedo pensativo, preguntándome por qué pierden tanto tiempo, por qué malgastan la mayoría su energía en actividades tan inservibles como los juegos de internet; me pregunto por qué tanta predilección por el alcohol, cuando es posible pasárselo bien sin él; por qué tanta curiosidad por las drogas, cuando en la juventud más que en ninguna etapa se tiene todo para disfrutar la vida tan plenamente que el propio cuerpo termina fabricando sus propias drogas naturales, ellas son las únicas que necesitamos y a las únicas que debemos acostumbrarnos. Me pregunto Wayra, por qué casi no se ven jóvenes con libros, jóvenes leyendo en las plazas y parques, por qué las bibliotecas son cada vez menos visitadas. Sé de los libros electrónicos y su carácter práctico y ecológico, tengo varios libros en ese formato, pero el placer de tener un nuevo libro en las manos, de dialogar con el autor a través de su escritura, me parece insustituible. Me pregunto por qué los jóvenes de este tiempo se aburren con tanta frecuencia, por qué se deprimen, todo esto era desconocido en mis tiempos de juventud. Se supone que el mundo se está desarrollando, que cada vez estamos mejor, ¿crees Wayra que esto es realmente así?

66 ✮

Creo que la razón por la cual los jóvenes están mayoritariamente perdidos es la ausencia de escuelas para aprender a vivir, lugares donde se les prepare para una vida donde las cosas son como son y no como nos cuentan en la televisión. Aprender a vivir es el primer aprendizaje que todo joven debe realizar, a este aprendizaje dale la máxima importancia Wayra, nada es más importante que aprender a vivir porque de eso depende toda la vida, cuando un joven aprendió gradualmente a vivir, las cosas se van dando de otra manera y lo más importante, las depresiones quedan descartadas. Un joven que aprendió a vivir nunca se deprime, porque descubrió la vida y ella es una aventura tan maravillosa que prácticamente uno no tiene tiempo para deprimirse, para aburrirse ni ser infeliz. Organízate desde ahora para que tu vida sea tan interesante y espectacular como tú lo decidas y que no te quede tiempo para nada desagradable. ¿Te atreves?

67 ✱

Me encanta verte leer, sacar libros de tu bolso, pedirme que te compre libros y saber que los lees rápido, ¿te das cuenta que leer un libro, un buen libro es como dialogar con el autor? Es una maravilla saber que podemos hablar con Platón, ese sabio de la antigua

Grecia, acompañarle a Borges en sus laberintos, a Cortázar en su dolor, a Neruda enamorado, a Epicuro hablando dela importancia de disfrutar, a Savater trayendo la filosofía a lo cotidiano. Es maravilloso poder aparecer mediante un buen relato en tiempos distintos, sentir lo que se sentía en ese tiempo, ver con los ojos de la imaginación tantas cosas que de otra manera seria imposible ver. Me gusta ver a los jóvenes reunidos dialogando temas que leyeron, compartiendo frases que le dejan a uno pensando, resumiendo libros e intercambiando conocimientos, eso ayuda a prepararse para una vida en la cual los jóvenes tienen que saber pensar, analizar, decidir y darse cuenta que la vida será como ellos decidan que sea; sólo es cuestión de prepararse y en ese proceso, el hábito de la lectura será una gran ayuda. Wayra, nunca salgas a la calle sin un buen libro, date tiempo siempre para leer y especialmente para reflexionar y compartir lo que leíste sin olvidar que, en tiempos como estos donde abundan los libros, es necesario invertir un poco de tu tiempo para escoger sólo los mejores libros, aquellos que te formen e inspiren.

68 ✱

En la vida Wayra, lo más importante no es el dinero, tú sabes, los tres capitales a los que me referí en una carta anterior señalan que el primer capital es el conocimiento, el segundo capital son los contactos, los buenos contactos y recién, en tercer nivel, está el dinero. Fíjate cómo con dinero no se puede comprar lo más importante, es decir, la felicidad, el amor, la libertad, la paz y la salud. Sin embargo, el dinero es importante para resolver las necesidades básicas de la vida, pero nunca, nunca será lo más importante; por ello, trabajar no es lo más importante sino aprender a vivir, realizarse como personas y ser felices. La realización personal es el logro de objetivos personales mas no centrados sólo en uno mismo, porque no podremos realizarnos completamente olvidándonos de los demás y del mundo, del cual somos parte. También quiero decirte que tener dinero no es malo, el dinero es una herramienta, no es ni bueno ni malo, depende como lo usas. Si tienes tu vida planificada, si posees objetivos buenos, te estás preparando para vivir plenamente, para ser útil a los demás, si estás aprendiendo a vivir bien, es mejor que tengas dinero, porque así podrás ayudar a los demás, porque quien es solidario, es mucho más feliz, recuérdalo. Los egoístas disfrutan un rato de su mezquindad pero la gente que ayuda, disfruta toda la vida.

69 ✳

Algo que tienes que saber desde la juventud Wayra, es la importancia de la soledad. Un joven primero

está casi todo el tiempo con sus padres, un poco
más adelante estará con su pareja, sin embargo,
es muy importante que luego de salir del círculo
familiar se permita, sin prisa, vivir su soledad, saborear esa maravillosa oportunidad para estar con-
sigo mismo, para conocerse, para observarse, para
hacer lo que le gusta hacer sin tener que pedir permiso ni dar explicaciones a nadie. La soledad tiene
mala fama pero en realidad es buena consejera y a
la edad tuya es una asesora gratuita muy poderosa, que te permitirá, en un contexto de reflexión y
meditación, ir procesando las cosas, comprendién-
dolas y en definitiva, madurando, porque la vida
para un joven apenas comienza y es viviendo en
soledad, reflexionando, meditando, leyendo e inte-
rrelacionándose con los demás, cómo va el joven
acumulando elementos para construirse. En esta
edad, busca tiempo para ti, valora mucho la oportunidad de estar sola y permite que tu soledad se
convierta en crecimiento y madurez. ¿Sabes?, me
gustan muchos los jóvenes que NO le tienen miedo
a la soledad ni a los grandes desafíos.

70 ✳

Cuando te comento la importancia de la soledad
no me refiero de ninguna manera al individualismo
que caracteriza esta época; no es bueno para nadie,

menos para la misma persona plantearse una vida centrada en una postura individualista, esta actitud está perjudicando al mundo, induciéndonos a vivir en una cárcel, donde cada uno sólo piensa en sí mismo. Es más hermosa y más digna la gente solidaria, quienes comparten lo que tienen, aquellos que piensan también en los demás y en el planeta; es más hermosa la gente que sabe compartir, porque los problemas de la vida se resuelven más fácilmente si nos ayudamos unos a otros. Durante la antigüedad, desde épocas muy antiguas, podemos ver cómo el humano sobrevivió gracias al trabajo en equipo, cómo pudo enfrentar especies mucho más grandes y mejor equipadas gracias a que unos se unieron con otros y entre muchos lograron apoyarse y sobrevivir. En este tiempo es igualmente necesario el trabajo en equipo, el tener amigos de confianza, una red que nos apoye y acompañe cuando hace falta, un grupo de personas que nos valoren, que nos aconsejen, gente que pueda escucharnos cuando sea necesario y con los cuales podamos compartir afecto. Todos necesitamos personas así, porque no es natural el egoísmo ni el aislamiento y porque la vida es más hermosa cuando comparte. Sin embargo, Wayra, esto no significa que anulemos nuestro tiempo-espacio personal que también es muy importante, busca equilibrar tu vida en este sentido.

71 ✳

Esta es una época de gran despliegue tecnológico.
Cuando yo era niño, nuestros juguetes eran fabrica-
dos por nosotros mismos y con frecuencia eran insec-
tos, semillas y tantos juegos que nuestra imaginación
inventaba; nunca nos aburrimos ni sentimos que nos
hacía falta algo material. Los tiempos actuales son
totalmente diferentes, ahora los niños crecen junto a
una computadora y rodeados de tecnología, incluso
quienes no disponen de un aparato propio encuen-
tran lugares donde, por poco dinero, pueden dispo-
ner de equipos para juegos "on-line", todo esto puede ser bueno o malo, depende cómo los usamos. Al
respecto Wayra, quería sugerirte que el IPod que tienes lo uses no sólo para escuchar música, instala en
ese aparato conferencias y entrevistas de los temas y
personas que admiras y todo aquello que quieras conocer; entonces, cuando estés caminando, viajando,
cuando estás esperando, además de escuchar música,
escucha también conferencias. Lo bueno de ti, y ojalá esto puedan hacer también otros jóvenes, es que
entiendes el idioma de nuestros abuelos, el quechua,
eso es muy bueno, además de hablar inglés, portu-
gués y francés y como no estamos en un medio donde se usa ese idioma, también puedes tener material
en esos idiomas para escuchar mientras caminas, de
esta manera no se pierden esos idiomas y aprovechas
mejor tu tiempo.

72 ✳

Yo sé que a ti no te gusta mucho la política, en realidad a los jóvenes de ahora por lo general no les atrae la política, muy distinto de nuestra época, cuando la mayoría de los jóvenes teníamos una posición ideológica y política claramente establecida, cuando teníamos ideales y luchábamos por un mundo mejor o por lo menos por lo que creíamos era un mundo nuevo. Admirábamos las revoluciones que ocurrieron en el mundo, el Che nos inspiraba; sin embargo, pasó el tiempo y las promesas de transformación social no se cumplieron, se cayeron las mejores utopías y las nuevas generaciones se volvieron escépticas, incrédulas y dejaron de interesarse por la revolución y el futuro. Es verdad que hay en la actualidad mucha politiquería, mucha corrupción, sin embargo, la política es la ciencia de gobernar un país y no se puede no tener gobernantes ni buenas leyes. Tampoco es posible vivir de espaldas a lo que pasa en la sociedad, porque corremos el riesgo de convertirnos en cómplices por omisión o negligencia. En este sentido Wayra, te pido que estés informada, que sepas cómo va el mundo y el país, porque estamos como estamos y que tengas una posición y algunos sueños, porque el futuro del que tanto se habla será habitado por ustedes los jóvenes, y no podemos permitir que los adultos de ahora destruyan un tiempo que es para las nuevas generaciones.

73 ✳

Todo joven necesita tener una filosofía personal, es decir, un conjunto de valores, de principios, de ideas y formas de interpretar la realidad; a eso llamo una filosofía personal que se traduce en una actitud ante la vida. Es muy bueno, Wayra, que tú vayas construyendo tu propia filosofía personal, basándote en aquellas ideas, enseñanzas y escuelas filosóficas que te inspiran y con las cuales tú te identificas. Es bueno que conozcas a los filósofos más importantes, lo que ellos pensaron en su época y por qué pensaron lo que pensaron, es bueno que conozcas los aportes de las principales escuelas de pensamiento y filosofía. En esta época no hay escuelas de filosofía como había en la Grecia clásica, sin embargo, tú puedes ir armando tu propia escuela de filosofía con base en libros y conferencias. Aprender un poco de filosofía le otorga al joven una gran capacidad de profundizar la reflexión y ser más profundo en sus reflexiones, más lúcido en sus elecciones, más maduro y más consciente, eso es precisamente lo que hace falta en esta vida donde la gente superficial termina tomando malas decisiones y destruyendo su vida. Acércate a los filósofos que te gusten y construye tu propia filosofía personal, entonces estarás mejor preparada para las sorpresas de la vida.

74 ✳

Hay un tema que a veces me preocupa y quiero comentarlo contigo, me refiero a la superpoblación mundial. En verdad Wayra, somos mucha gente en el planeta y cada 35 años nos dicen las estadísticas que se duplica la población, eso es dramático, ¿te imaginas?, si ahora somos siete mil millones de personas en todo el mundo, dentro de 35 años podríamos ser 14 mil millones y en 70 años, 28 mil millones, eso convertiría al planeta en un infierno imposible de vivir bien. Ocurre que cuando hay mucha gente en un sitio, todo es más difícil, más inseguridad, más agresión y violencia, más delitos. Fíjate lo que pasa en experimentos de laboratorio cuando se pone demasiada cantidad de ratones en una caja, ellos se vuelven caníbales y comienza a comerse unos a otros, situación que no ocurría antes. Es bueno que tú sepas que entre los problemas del futuro cercano que amenazan a la humanidad está el descontrol demográfico. El problema no es sólo porque haya mucha gente sino también por un sistema injusto que fabrica más pobres, que gasta más dinero en armas que en prevención de enfermedades, pero aunque no exista ningún otro problema, el sólo detalle de ser demasiada gente en un planeta como el nuestro ya de por si es un problema serio, porque los recursos como el de tierra para cultivar alimentos y el agua bebible son limitados, y si la humanidad continúa creciendo de esta manera, nos espera hambruna, contaminación intensa e inseguridad ciudadana y esto lo deben saber los jóvenes para que desde ahora puedan contribuir a que cambie todo aquello que debe cambiar.

75 ✳

Es verdad que ni la mejor universidad te enseñará todo lo que necesites saber para aprender a vivir, porque esa formación está más enfocada a la profesionalización. Se busca formar un buen profesional pero se olvida formar un buen ser humano, una mujer feliz, un hombre libre y sensible. Entonces, si lo más importante no lo obtendrás de un centro oficial de estudio, corresponde que tú te organices para posibilitarte eso que precisas aprender de manera autodidacta y con apoyo de libros, internet y personas formadas que tú elijas como asesores. Nuestra comunidad, nuestra escuela para aprender a vivir, mi presencia misma, están a tú disposición y de todos los jóvenes que necesiten aprender el sagrado arte de vivir. Wayra, es importante que sepas que lo más valioso de tu formación en realidad está en tus manos, por eso te escribo estas cartas, para recordarte que lo fundamental es prepararse para la vida, para vivir bien, sanos, felices, libres, con capacidad de amar y de cuidar la salud. Organiza tu formación de manera que todo esto tan importante no falte en tu formación y puedas sentir, cada año que pasa, que estás preparándote para una vida en la cual triunfar es aprender a vivir, a vivir bien, a vivir como sueñas hacerlo, esa es la mejor educación y está en tus manos. Es por este vacío que nosotros fundamos una escuela para aprender a vivir, también las puertas de ellas están a tú disposición, como ya te lo dije.

76 ✷

Otra característica de este tiempo es el desempleo. Vivimos en un sistema que por sus propias características fabrica pobreza, incentiva el individualismo, permite la corrupción, es un sistema donde todo se vuelve mercancía y eso posibilita que servicios como los de salud se organicen a menudo con criterios de rentabilidad y lucro, en vez de pensar en servir a la calidad de vida y la salud. En este sistema también podemos encontrar creciente desempleo, un tema que afecta en especial a los profesionales jóvenes, hay países que tienen más de la tercera parte de su fuerza laboral afectada por el desempleo, lo que significa que millones de jóvenes que salen de las universidades no encontrarán trabajo para ejercer su profesión. Esto no tiene que desanimar a nadie, es característica del sistema que vivimos y debe impulsarte a ser más creativa, a plantearte alternativas laborales diversas y, mejor aún, desde casa. Ahora es posible crear una empresa sin tener ninguna infraestructura, sólo con un teléfono celular y una computadora portátil. También son posibles las asesorías y consultorías, es decir, ayudar a que la gente haga mejor las cosas o solucione sus problemas, aquí hay y habrá mucha demanda de profesionales capacitados para ayudar a la gente a solucionar diversos problemas vía internet. Entonces las crisis que fabrican problemas también pueden ser una fuente de oportunidades, sólo tienes que prepararte bien, ser muy buena en lo que elijas ser y desplegar tu creatividad.

77 ✽

Ya sabes que una buena profesión es aquella que igual continuarás realizando aunque no necesites dinero. Elige hacer lo que te apasione, lo que te pague primero con la satisfacción y el disfrute, porque el placer de hacer lo que haces es el primer salario. Sin embargo, el trabajo no es todo en la vida, es importante no confundir trabajo con *hobbies* o con misión. Lo primero, es la profesión o actividad que nos permite obtener el dinero para resolver las necesidades básicas y es mejor que sea algo que realmente te gusta hacer; el *hobbie* es aquello que realmente te llena de placer hacerlo, ahí no hay dinero como objetivo, es la alegría de hacerlo; la misión es aquello que una persona siente que tiene que hacer y no sólo pensando en uno mismo. Con tu misión crece tu consciencia y te conviertes en una persona útil para la humanidad, la misión en definitiva se debe convertir en una forma de vivir. Wayra es importante que reflexiones en todo esto y te organices para que tu vida realmente sea completa y cada día te acuestes feliz, sintiéndote útil a la humanidad, satisfecha contigo misma y en constante crecimiento.

78 ❀

También quiero recordarte que el cuerpo humano es mucho más complejo de lo que parece. Somos una parte espiritual y ello no nos obliga a pertenecer a ninguna religión, se refiere a lo existencial, a lo que da sentido a tu vida, a que realmente comprendas lo que significa estar vivo. Junto con ello está la instancia mental, la racionalidad, el hemisferio izquierdo, en este sentido es importante aprender a reflexionar, a pensar profundamente, a analizar y comprender esto que llamamos vida. Un tercer nivel, que también es importante y que influye poderosamente en nuestra vida es lo emocional, este nivel tenemos que conocerlo para poder gobernarlo, porque de lo contrario seremos prisioneros de nuestras reacciones y emociones. Además de ello somos también un cuerpo físico, que está profundamente influido por lo que pensamos y por las emociones que sentimos, es más, una emoción puede enfermar el cuerpo, de igual manera nuestra forma de pensar. Además de todo lo que te menciono, Wayra, somos también una parte social que se expresa en las relaciones interpersonales y deberá traducirse en una capacidad de manejar bien y de manera armónica nuestras relaciones con los demás. A todo ello hay que sumar además la dimensión ecológica que nos obliga a mantener una relación respetuosa con la naturaleza, la cual es fuente de purificación y energía, esto es bueno saberlo desde la juventud.

79 ❀

Antes de despedirme Wayra, quiero referirme una vez más a la muerte, esa circunstancia que no es un problema y por eso no tiene solución, es más bien la salida natural de esta vida, porque lo que empieza, termina. La muerte es parte de la vida, sabes que en otras culturas no se llora, porque se piensa que el sufrimiento de los que quedan es una interferencia para los que parten. Lo importante es vivir bien la vida, no sabemos lo que nos espera después de la muerte, pero sí sabemos lo que hay antes de la muerte y antes de la muerte Wayra, está la vida, esta vida que está compuesta por 24 horas cada día, de las cuales 8 están destinadas a descansar y las otras 16 horas cada día, para que podamos hacer todo lo que elegimos hacer, al interior del plan de vida que tenemos. La muerte nos puede visitar en cualquier momento, a cualquier edad, los ancianos en realidad son los que menos mueren, la mayoría de los muertos no eran de edades avanzadas, eso es algo que tenemos que aceptar. ¿Qué hacer si sabemos que un día, cualquier día estaremos muertos? Vivir con más pasión, con más intensidad, con más inteligencia, aprovechando cada vez mejor nuestro tiempo y disfrutando la vida, esta vida que es única y breve. Así te quiero Wayra, aprovechando bien tu vida porque, por razones de salud, no estaremos aquí dentro de cien años.

80 ❀

Con frecuencia se les pide a los jóvenes que tomen decisiones inteligentes, que usen bien su inteligencia, entonces, uno se pregunta qué es la inteligencia, cómo se manifiesta la inteligencia, qué significa en la práctica ser inteligente. Creo que la mejor manera, Wayra, de demostrar la inteligencia, porque en teoría todos somos inteligentes, la mejor manera de demostrar la inteligencia es la capacidad de vivir bien, de resolver los problemas que surjan con creatividad, de continuar felices pase lo que pase. La inteligencia no tiene nada que ver con el coeficiente intelectual, tenemos varias inteligencias pero todas tienen que confluir en una vida con calidad, con felicidad, logrando objetivos que cada uno se propone y llegando al punto de vivir como realmente elegimos vivir. Quiero verte usando tu inteligencia y traduciéndola en una forma de vivir plena, quiero verte creciendo y desarrollando todo tu potencial y realizarte como persona, como mujer, como profesional. Invierte tiempo en conocerte, en liberar tu potencial, en ser lo que tú elegiste ser, invierte tiempo en formarte integralmente y realmente hacer que tu vida sea como tú elegiste, recuerda que la vida es breve, que no siempre serás joven, que ahora es tu tiempo para formarte, que lo más importante no es el dinero, que puedes ser tan feliz como tú quieras y que el éxito y la felicidad están reservados para quienes, desde la juventud, empezaron a tomar buenas decisiones en su vida. ✿

Wayra,

Si quieres recordarme, recuérdame como un padre que fue feliz, insoportablemente feliz, libre de adicciones y miedos, recuérdame como una persona que aprendió a amar incondicionalmente y que cuidó su salud y, por ello, no tuvo que lamentar prematuras enfermedades. Wayra, recuerda a tu padre encarnando sus sueños y utopías, viviendo como eligió vivir, así también
te quiero a ti.

CON INFINITO AMOR,
Tu papá

FIN

Esta obra se terminó de imprimir
en abril de 2019, en los Talleres de

IREMA, S.A. de C.V.
Oculistas No. 43, Col. Sifón
09400, Iztapalapa, D.F.

Si este libro te ha interesado y quieres conocer otros libros de Chamalú sobre diferentes temas, así como CDs de conferencias, meditaciones y audiolibros visita la página www.chamalu.com donde encontrarás toda la información y la forma de adquirir este material.

e-mail: info@chamalu.com
www.chamalu.com